フランス人の性

なぜ「#MeToo」への反対が起きたのか

プラド夏樹

光文社新書

À Patrick

はじめに

２０１７年10月5日、「ニューヨーク・タイムズ」紙にハリウッドの大物プロデューサー、ハーヴェイ・ワインスタインがこれまでに多くの女優や従業員にセクハラやレイプを行っていたことが暴露された。

これをきっかけに、欧米社会では、ツイッターなどのソーシャルネットワーク（ＳＮＳ）上に、「#MeToo」というハッシュタグが生まれる。そして、その「#MeToo」上で、これまで口を噤《つぐ》んでいた女性たちが男性のセクハラ、レイプを名指しで糾弾するようになった。

以来、アメリカをはじめとして欧米社会は革命さながらの様相を呈している。

「この人が？」というような有名人や権力者が辞任に追い込まれ、取り調べを受けている。

これまで「被害者にとっての恥」だったレイプやセクハラが、ようやく「加害者の恥」として意識されるようになったことは、たしかに大きな進歩だ。

実はその前、2015年から、日本では、ある事件が起きていた。

ジャーナリストの伊藤詩織さんが山口敬之《のりゆき》元TBSワシントン支局長に、就職の相談にのってもらったばかりにレイプされたと訴えでたのだ。警察に訴えたが、捜査の段階では、「大勢の警察官達の前で人形を相手にレイプの再現をし写真を撮られ」[*1]るという扱いも受けた。捜査の末、準強姦容疑で山口氏に対する逮捕令状が出るが、その逮捕寸前、警視庁トップの指示で執行停止。そして山口氏は不起訴処分になった。

その後、伊藤さんは「週刊新潮」2017年5月18日号、同25日号にこの事件を告発し、自らの顔を出した上での記者会見を敢行する。しかし、市民からなる東京第六検察審査会によって再度、不起訴相当と議決され、国内メディアで大きく取り上げられることはなかった。

しかし、「#MeToo」をきっかけに、捜査のあり方を検証する国会議員の超党派の会が発足し、その様子が海外メディアでも大きく報じられるようになり、ようやく日本国内でも重要なニュースとして取り上げられるようになったのだ。

一方、伊藤さんには「一人暮らしをしていた部屋の周辺で不審なことが続き」[*2]、嫌がらせや脅しのメールが殺到、安心して日本で暮らすことができないようになった。

現在は、イギリスの人権団体の誘いでロンドンに移住している。

それに追い討ちをかけるように、この2018年4月には、福田淳一前財務事務次官のセクハラ問題が起きた。財務省事務方のトップであった福田氏が、多くの女性担当記者へ「おっぱい触っていい?」「浮気しようね」とセクハラ発言を繰り返していたことを「週刊新潮」2018年4月19日号がスクープ。

このセクハラ発言がトンデモないことは明らかだが、周りの方々の発言も凄まじかった。

麻生太郎財務相にいたっては「セクハラ罪という罪はない、殺人とは違う」と発言。矢野康治《こうじ》官房長は、衆院厚生労働委員会で「(被害を受けた女性が)弁護士に名乗り出て、名前を伏せておっしゃることは、そんなに苦痛なことなのか」[*3]という迷言に次ぐ迷言で、まさに火に油を注ぎまくる状態になった。

被害にあった女性記者は、自社媒体を通して世論に訴えることができないからこそ、他社に持って行かざるを得なかったのだ。セクハラを告発すれば、女性が所属する会社が財務省から嫌がらせを受ける可能性がある。他社が一斉に扱うニュースを自社だけが報道できない、いわゆる「特オチ」によって報復されることも考えられる。

彼女は、自分の同僚と会社を守るために顔出ししなかった。できなかったのだ。

この二つの事件を通して、セクハラやレイプがまかり通っている事実は、特定の「ガハハ系親父」だけの問題ではなく、社会構造の問題であることが白日のもとにさらけ出された。言ってみれば、ここで考え直さなければ、声を上げなければ、私にもあなたにも責任があるということである――。

いっぽうで今年（2018年）3月にも、あるニュースが起きていた。東京都足立区の中学校で行われた性教育の授業が学習指導要領を超えて、避妊や人工中絶に言及したとして問題になった。

都議会文教委員会で、自民党の古賀俊昭都議は、足立区の中学校の授業を、「他の生徒や参観者の前で性に関する自分の意見を述べさせるのは、生徒の心の中に踏み込むことで配慮が足りない」と批判した。子どもたちのリアルとはあまりにもかけ離れた、前時代的な言いがかりである。

4月26日の都教委定例会では、教育委員から賛否両方の意見が出たが、「今後、学習指導要領を超える内容を扱う場合には、保護者の了解を得た生徒を対象に個別やグループで指導を行う」とする方針が確認された模様だ。*4

だが、「そこが違う!」と私は言いたい。

個別・グループ指導にするのでは、「性にまつわる問題はみんなの問題」という視点が欠けてしまうからだ。性教育は、避妊や人工中絶について学ぶ場でもあるが、それを土台に、男女の感受性の違い、セクハラやレイプといった問題について子どもたちが話し合う機会にもなり得る。そこで、自分が「あたりまえ」だと思っていたこと（たとえば、「おっぱい触っていい?」と連発すること）が、性的他者にとって苦痛の種でしかないということが理解できる。私たちは社会で生きているからこそ、「性」というプライベートな問題を、他人との関係の中で捉えていくことが必要なのだ。

このように、2018年になって、日本では、「性」にまつわる問題が、これでもかと噴出している有様だ。今まで「恥ずかしいから」「言いにくいから」「大したことじゃないから」と話し合いを避けてきた問題が、雪だるま式に大きな問題となって社会を脅かしている。

反対に、私がここ30年近く暮らしているフランスは、「性」にまつわる議論が盛んな国である。欧米各国の間では、「金の話は下品とされるが、セックスの話は堂々とする国[*5]」といわれるほどだ。

そんな国フランスで、私は、ここ数年間、フランス人はどのように「性」について考えているのかを日常生活の中で観察してきた。それだけではなく、外国人であることを大いに利用して、母国語だったら口にしづらい言葉を使って、セックスやそれにまつわることに関していろんな人々と話し合ってきた。

そのきっかけとなったのは、いわゆる日仏ハーフの息子の思春期と、それをめぐる家庭内でのゴタゴタだった。

どこの家庭にもあるであろう、平凡な出来事――息子の初体験である。

それは、15、16歳のときだったらしい。

なんで母親の私がこんなことを知っているかというと、息子が事前にメールで知らせてきたからである。

とある週日の夜のことだった。夕食後、「これからディアンヌちゃんのうちに泊まりに行ってくる」と言い出した。中学生になってからというもの、週末、男友達の家に泊まりに行くということは頻繁になったが、それはあくまでも土曜日の夜、翌日は学校がないという条件下でのことだった。それに、女の子の家に泊まりに行くなんて、なんかおかしい。

しかし、外国人ママンである私が、日本の常識だけで物事をはかることはできない。いつも心のどこかに、「フランスではこういうこともあるのかも？」という思いがあり、とくに子どもの教育に関しては自信をもって断言できないことが多かった。そこで言った。

「ディアンヌちゃんのお母さんはそれでオーケーだと言ってるの？　ちょっと、私が電話で聞いたほうがいいと思うわ。明日は学校もあるから早起きしなきゃいけないし。お母さんの携帯番号教えてもらってくれる？」

息子は携帯を取りに自分の部屋に行った。

しばらくして、家の中がやけに静まっているのに気づいた。息子の部屋に行った。いない。

玄関に行ってみるとドアが開けっ放しだ。「逃げられた！」と思って通りまで走って出たが遅かった。もう家の前の通りにはいなかった。私が住んでいるのは坂が多いモンマルトルだ。私の足でメトロの駅まで走ったところで、最近、背丈が父親と同じくらいになった彼に追いつかないだろう。

「ずるい！」という怒りでカリカリして家に帰ると、携帯にショートメールが届いていた。

「ごめんね、ママン。でも、ディアンヌちゃんの家にお父さんとお母さんがいないのは今晩だけだから、どうしても行きたい。心配しないで、コンドームするから。明日はちゃんと学校行くね」

最後にニッコリ笑う絵文字がついていた。

翌日、息子はいつもと同じ時間に、いつもと同じ表情で帰ってきた。

「ただいま」と言うなり冷蔵庫を開けて、ヨーグルトや牛乳、ジュースをテーブルの上に並べ、漫画を読みながら黙々と食べている。話しかけなきゃ、なんか会話しなきゃと思うが、なんと言っていいかわからない。

いくらなんでも「どうだった？」と聞くわけにはいかないだろう。「なんで勝手に行ったの？　話し合いを避けるのはずるい！」と責めるのも、「ごめんなさい」とショートメールで伝えてきている以上、可哀想。では、いったい何を話せばいいんだろう？

私はしかたなく、「今朝、学校行ったの？」と聞いた。

なんか間の抜けた、情けない母親だなと自分で思いながら。

次の事件は息子が16歳のときだった。

2年ほど前から悪さを繰り返すようになっていた。学校のみならず警察からもさんざん呼び出しを食らい、親を辟易《へきえき》させていたが、同じクラスのマリーちゃんと周囲が公認する恋人になってからはめっきり落ち着き、ちょっと一息つけるようになってきた。そんなころだった。

私が台所で夕食の用意をしているところへ、「ママン、ママン、大変!」と言いながらアパルトマンの階段を二段抜かしで上がって来た彼は、息を切らしたまま言った。

「マリーが生理が3日も遅れてるっていうんだけど、こういうのって普通なの?」

16歳で? でもここはフランスだからこういうこともあるんだろうか? なんだってこういう話はいつも私にふりかかってきて、どうしてパパに聞かないんだろう? それとも私の思い過ごしで、セックスしたかどうかとは関係なく、ただ生理が「遅れた」っていうことなんだろうか? こういうことって、親にこうも直球で聞いてくるものなの?

私はこんなこと、親とはとても話せる関係じゃなかった。どうしよう、なんて答えよう……。

ここで早く答えないとナメられる。

私は、持っていた包丁が震えているのを気取られないように大きく息を吸って、答えた。

「3日？　そんなのよくあるよ。それより、マリーちゃんのお母さん、助産師さんだったよね。私より詳しいはずだから、そっちに話したほうがいいんじゃない？」

責任回避。またしても、私は、真っ正面から息子と向き合って話し合うことを避けたのだ。

「それ、いつの話？　あんたたちセックスするときに避妊するの忘れちゃったの？　そうならどうにかしなくちゃいけない。お医者さんに行って、中絶ピルもらうとか。マリーちゃんのお母さんとは話し合えると思う？」と、冷静に話すこともできたはずだった。


このときの親としての挫折感が、本書を書く出発点となった。

日本で私が中学生だったころの性教育の授業は、なんだか不明瞭なものだった。精子と卵子が出会って赤ちゃんになるのはわかったが、どうやって精子が女性の身体のなかに入るのかが皆目不明のまま終わった。事が明快になるどころか、肝心な部分がますますわからなくなった。

家庭は家庭で「性」に関することを口に出せる雰囲気ではなく、家にボーイフレンドを連れて来て紹介することはあっても、避妊について親と話し合うなど考えられなかった。大学生だった80年代後半のころは、妊娠しているのではという恐怖で眠れない夜を過ごしたこともあったが、親名義の保険証を持って産婦人科に行ったらいずれ親にバレるし、かといって相談する周りの友達も私と同じくらいの知識しか持っていなかった。

「性」は闇のなかの、不可解で、怖いものでしかなかった。

フランスに来て、事実婚を経て結婚し、子どもができた。あっという間に子どもは思春期を迎え、性に関する質問がボンボン飛んでくるようになった。「学校で性教育の授業があるだろうから、なにも親が説明しなくても」なんて胡座《あぐら》をかいているわけにはいかない。敵は親の反応をしっかり観察している。キワドイ質問にどう答えるか、そこで親がこれまでどういう性を生きてきたかはわかってしまう。いや、子どもにはわからなくても、自分が目をつぶってきた問題が露呈してしまうのである。

フランス人のパパやママンたちは、どうやっているんだろう？　そう思い立って、私はママ友、友人、同僚、親戚にことあるごとに質問した。みんななかなかオープンに返事をしてくれる。

「ねえ、あなたのうちのお兄ちゃん、彼女、家に連れてくるの？」

「うん。週末だけってことにしてあるけど。本人は医学部狙ってるから、本当はそんな暇ないはずなんだけどね」

「それで、どうしてるの？　子ども部屋で、二人で寝るわけ？」

「そうよ。でも、愛の物音が凄くって……。弟は隣の部屋で寝てるんだから、あれはどうにかしなきゃと思っているんだけど。まあ、イケアの安物ベッドだから仕方ないのよ。彼女もあんまりそういうことを気にしない子で」

返す言葉がなかった。

でも、ほとんどのママ友たちに共通するのは、性について、誠意をこめて、言葉を尽くして子どもと話す努力をしているということだ。そこには、ごまかしも逃げもなく、あたかも進路や成績よりずっと大事なことを話しているかのような真摯《しんし》さがある。

おもしろいことに、さまざまなバックグラウンドをもった人たちとこのような話をしているうちに、この国の人々が、子どもたちにどのような「性」を伝えようとしているのか、パートナーとの間になにを求めているのか、ひいては社会問題、時には歴史や政治の一部を理解する糸口が見えてきた。

フランスでは8歳から性教育をするが、そのほんとうの目的はなんだろう？

なぜセクハラに寛容なのか？

大統領が浮気や不倫をしても、なぜ、辞任に追い込まれないのか？

どうして事実婚に固執して結婚を嫌うのか？

ハリウッド・セクハラ事件後の今、欧米諸国では「#MeToo」一辺倒だというのに、なぜフランスでは大女優カトリーヌ・ドヌーヴや元スーパーモデルのレティシア・カスタがそれに反対すると宣言するのか？


「性」がフランス社会のなかで占めている位置付けがわかると、一外国人である私にとって今まで謎だった事柄がすっとわかるようになった。

日本でも知られているようにフランスの出生率はEU諸国内で1位、先進国で唯一、40年間、出生率が安定している国でもある。

その理由に補助金や福祉の充実が挙げられることは多い。たしかに大きな要因だろう。しかし、私にはそれだけが原因で出産が増えるとは思えない。政府が代われば、補助金の金額や福祉システムも変わるから、それほどあてになるものではないのだ。

しかし「性」に焦点を当てると、別の側面が見えてくる。

女性一人あたりの出産数が二人に定着したのは1976年からだ。67年にピル解禁法が採択され、72年から実施されるようになったのに次いで、中絶合法化（1975年）の翌年にあたる。もともと、中絶禁止法や避妊禁止法は、多くの死傷者を出した第一次世界大戦後の人口減少に対する対策だった。子どもを増やすための政策だったのだ。

そして、性解放運動が盛んになった1960年代から70年代、女性たちは自分たちにも性欲があることをはっきりと言葉にするようになった。「妊娠するかどうかなんて気にしないで思いっきり感じたい！」と表明し始めたのだ。当時としては、とても勇気のいることだったと思う。ピルが健康保険の枠内で処方されるようになり、「自由意思による中絶解禁法」は怒号飛び交う国会で可決され、女性たちは出産をコントロールすることができるようになった。好きなだけセックスを楽しみ、時を選んで出産する可能性を自分たちで手に入れた。

他に選択肢がないからではなく、欲しい時に出産できるからこそ、出生率が増えたと分析する専門家は多い。

女性たちが「感じたい」と表明したことが、多産率、昔で言うならば「国力」につながったと考えると、フランスの社会における「性」の位置づけが見えてこないだろうか。

本書では、まさに今、青春まっただ中を疾走中の息子や、1968年のパリ革命と70年代の性解放運動を若いころ体験した夫、恋多きママ友やそのパートナーなど、「普通の人々」との性をめぐる会話を通して垣間見ることのできたフランス社会の断面を、私なりに分析してみた。

もちろん、なんてことない日常を重ねて見えてきたことに過ぎない。

だが、これから大きく変わっていくだろう日本における「性」を考えるにあたって、お手本としてではなく、右往左往しながら前進しようと努力している仲間の奮闘記として読んでいただけたらと思う。

フランス人の性

目次

第2章　キリスト教が「色気ある社会」を作った……73

第1章

フランス人は8歳から性教育をする

1　「性」に踏みこむフランスの教育現場

根拠のない羞恥心を除く

息子に何も性教育らしきことはしなかったのに、彼のほうはしっかり避妊を学んでおり、おまけに、親を相手に性的なことを話すことにまったく羞恥心を抱いていないらしい。そのことに気づいた私は、フランスの学校では、どのように性について教育しているかに興味をもち始めた。

そんなある日、フランス5局《サンク》のニュースで、ドルドーニュ地方の公立小学校の授業例が報道された。8歳の子どもたちのクラスである。

「ペニスから出てくる液体ってなーに?」という講師の問いに、

「おしっこ!」

と答える男の子がいるかと思えば、

「精液！」

と、恥ずかしがらずに堂々と答えている優等生っぽい女の子もいる。生徒たちは極めて真面目な表情、ニヤニヤする子どもは一人もいない。男女の身体構造の違い、生殖の過程などをイラストを見ながら学び、そして子宮、精液、睾丸《こうがん》、射精といった単語を習う。「おちんちん」と言うのではなく「ペニス」と言い、「おっぱい」ではなく「乳房」。「赤ちゃんはキャベツから生まれる」や「コウノトリが赤ちゃんを連れてきた」などという子どもだましは皆無である。

プランニング・ファミリアル(注)と呼ばれる非営利団体から派遣された講師は言う。

「たしかに私たち、大人にとっても言いにくい言葉があります。でも、どうして恥ずかしいのでしょう？　性は悪いこと、どこかでそんな偏見があって、それが羞恥心につながるので

プランニング・ファミリアル　中絶を合法化する運動の元締めとして1956年に創立された非営利団体。当時はピルの密輸入や秘密裏の中絶手術など、非合法的活動も辞さなかった。現在は、避妊、中絶、レイプ、DV、セクハラ、強制結婚、アフリカ移民の慣習である性器切除、性病予防などについてのアドバイスを受けることができる。無料匿名での産婦人科医の診療、学校での性教育に講師を派遣する役目も負っている。

はないかしら？　だからまず、根拠のない羞恥心を除く、そして、幼児語ではなくて、科学的に正しい単語で性について隠しごとをせずに話す。それが、男性も女性も同じ土俵に立って対等に性について話し合うことができるようになるための最初の一歩なんです」

さらに新鮮に感じたのは、「好きな人がいたらセックスしなくちゃいけないと思う？」と、講師が子どもたちに質問していることだ。

「義務っていうわけじゃないと思うけど……」

「大人になって、恋人もオーケーと言うならセックスしてもいい！」という可愛い返事が聞こえてくる。

私は１９７０年代後半に日本で、それもリベラルな校風の中学校で保健体育の一環として性教育を受けた世代だ。それでも精子と卵子が一緒になって子どもができるのはわかったが、肝心の「セックス」に関する説明がなかったため、なにかしら騙《だま》されたような感じがしたのを鮮明に憶えている。だからといって、家でセックスについて質問するなどとてもできる雰囲気ではなかった。

私にとって、このフランス流の性教育はショッキングだった。

「愛情生活と性に関する授業」の内容

２００１年から教育法に導入され２００３年から実施されているこの性教育だが、教育省学習指導要領によると正式な呼称は「愛情生活と性に関する授業」。そのターゲットはまず「愛情生活」なのだ。

特徴は子どもたちにどんどん話をさせる「生徒参加型」であることだ。羞恥心や罪悪感の除去、タブーなし、隠しごとなしの早期教育である。

幼年学校から小学校2年生（2歳～8歳）……家庭での男女の役割や「らしさ」に疑問をもたせる

小学校3年生から中学校2年生（8歳～13歳）……思春期の身体発達、生殖のしくみ

中学校3年（13歳から14歳）……避妊、中絶、性病予防

中学校4年生から高校1年生（14歳～16歳）……性的他者、性差別、ポルノグラフィー

高校2年（16歳から17歳）……生殖医学、性的自認

本来ならば私生活の領域である「性」や「愛情生活」に、ここまで学校が踏みこむことが妥当なことだろうか？　各家庭なりの意向もあるだろう。それはどうなるのか？

日本の小学校で教員を務める私の友人は、「性に関しては、さまざまな考え方の親がいるから、バッシングが怖くて立ち入れない」と語る。

しかし、フランスには、日本以上に「さまざまな考え方の親」がいる。

約30パーセントの国民が、移民の祖父母か両親をもっている移民大国だ。

各家庭の性に対する感覚はおのずと民族性や文化、宗教性を反映し、千差万別となる。子どもが「今日、彼女が泊まりにくるんだけど、コンドームある？」と親に衒《てら》いもなく聞く家庭もあれば、宗教的理由で結婚前の男女のデートを禁止する家庭もあるのだ。

1994年から2004年にかけて、教育省で性教育プログラムの立ち上げに尽力した教員、シャンタル・ピコ氏は、

「家庭だけでは不十分なんです。親の意思で、会ったこともない祖国の男性と強制的に結婚させられたり、衛生的にも問題がある方法で性器切除をされるアフリカ系の女の子もいるのですから。学校で、この国では性をどのように考えるか、なにが禁止されているか、という枠組みを教え、自分の身を自分で守れるように導かなければ、子どもたちには他に情報を得

る場がないのです」

と語る。[*1]

教育省がこのような強気の立場に立つのは、移民を受け入れる以前から、雑多な民族の集まりであったという歴史があるからだ。現在も、地方語だけで、アルザス語、ブルトン語、コルシカ語、プロヴァンス語などがあり、20世紀初頭まで、国民の半分はフランス語を話せなかった。このことからわかるように、フランスは多民族の寄せ集め国家なのだ。

だからこそ、1881年、教育者ジュール・フェリーは、「出自いかんにかかわらずフランス共和国の子どもたち全員に、同じ教育を与えよう」と言い、良くも悪くも、国民を、言語や地方性、民族性、宗教性といったそれぞれの特殊性から引き離し、均等な国民を育てることを主旨とした義務教育の無償化を唱え、無宗教の公立学校システムがスタートした。

各家庭の教育方針の差があまりにも大きいからこそ、学校は、共和国で一緒に暮らすために皆に共通するルールを学ぶ場なのである。性教育もその例にもれず、家庭の方針いかんにかかわらず、社会ルールの一環として教育される。保護者が学校に出向いて、「うちでは性について早期教育はしない主義です！」などとねじ込むことはできないのである。

親や教師は性教育に向かない

タブーなし、隠しごとをしない、生徒参加型といえば聞こえはいいが、その代償も高い。授業の一環で、生徒たちに匿名で性に関して知りたいことを自由に書かせ、講師がそれに一つずつ答えるというものがある。匿名だから内容もおのずと率直になるし、おとなを困らせてやろうという悪ガキもいる。「どうやったらまちがえないで正しい穴に入れられるの?」「精液ってどんな味がするの?」「女性の意見を尊重しろっていうけど、彼女がもう一度って言ったら、絶対、しなきゃいけないの?」――これでは、普通の教員はタジタジだろう。

『学校、セックス&ビデオ』[*2]という性教育についての本の著者、エレーヌ・ロマノ氏は言う。「教師や親といった、普段から子どもたちと密接な関係にあるおとなは性教育にいちばん向いていないのです。こんな質問をしたらどう評価されるか? 成績表に響くのではないか? 子どもたちはそんなことを気にするものなのです。それよりも、プランニング・ファミリアル(29ページ注参照)職員、産婦人科医、助産師、看護師といった専門家がいちばん性教育の講師に向いています。一回会うだけの専門家相手ならば、子どもたちも、普段、口に出しにくいことをすんなり質問できるかもしれないから」

ＩＮＡ（国立視聴覚研究所）所蔵フィルム[*3]のなかに、性教育についてピカルディー地方コンピエーニュ市の中学生にインタビューした１９７３年の映像がある。73年というと、中学校で性教育がスタートした年である。

「生殖だけではなくて愛情面でのことも知りたいな」「親とか先生ではなくて、お医者さんとか心理学者に話してもらいたい」と、生徒たちは答えている。

「去年まで学生運動をしていました」というヒッピースタイルの教師側はいたってラディカル。「親と話しにくいならば、いっそのこと学校で授業をしてしまえば、家庭で話すきっかけになるのでは」「中学生になってから突然スムーズに話し合うようになるはずがない。小学校から性教育を始めたほうがいいのでは?」と答えており、①早期性教育、②親でも教師でもない専門家を、③愛情面にも言及、という今の性教育のアイディアは生徒と教師たちの間で70年代に芽生えていたことがわかる。

2　なぜ早期教育なのか？

スキャンダルを巻き起こした一冊の絵本

フランスでは性教育に関して学校教育が家庭教育に先行するということを述べたが、家庭側も黙って学校による性教育を受け入れているわけではない。二者の間には、時には熾烈な戦いが繰り広げられる。

その良い例が『みんな裸ポンポン』[*4]という、子どもの身体に対する羞恥心をテーマにした絵本（4歳以上向け）だ。２０１１年に出版されたこの本は、教育省のサイトでも、幼年学校の生徒向け性教育に役立つ図書として引用されており、２０１４年、教育界でスキャンダルを巻き起こした。

見開きの左ページに言葉、右ページにイラストという構成になっている。

最初のページには「赤ちゃん裸ポンポン」。次は「ベビーシッターも裸ポンポン」。そして、パン屋のおばさん、警察官、犬、学校の先生、社長さんまでみんなが裸になって海辺で遊ぶというもので、最後のページでは犬と鳩がブラジャーを引っぱり合っていたり、子犬がパンツを被《かぶ》って遊んでいてかわいらしい。

作者の一人であるマルク・ダニアン氏は次のように説明する。

「この本が出版された２０１１年、私の子どもたちは思春期の真っ最中だった。それぞれ長時間一人で風呂場に閉じこもり、鏡で自分の身体に見入り、自分の身体がこれでノーマルなのかどうかとても気にしているようだった。それにヒントを得て、みんなが広告や雑誌に出てくるスーパーモデルのような身体をもっているわけではなくて、人間はそれぞれ太っていたり、肌の色はさまざま、皺《しわ》が寄っていたりして違うということを受け入れようという気持ちで書いたもの」

しかし、２０１４年2月、中道右派ＵＭＰ党の元党首ジャン＝フランソワ・コッペ氏は、「先生も裸ポンポンとは何ごとか！　教師の権威はまるつぶれ」と激怒。メディア上で議論を巻き起こした。同様に、保護者からは、「子どもたちの羞恥心を刺激しすぎ」という意見もあった。おもしろいのは、あまりにも議論が白熱し、かえって売れ行きが上昇したことである。３年間で１５００冊の売れ行きだったのに、コッペ氏の発言の翌日から2日間で１０

00冊以上の注文があった。[*5]

子どもとお風呂に入って警察沙汰に

一部の保護者が、こうも「裸」というものに過敏に反応してしまう裏には、フランスでは、一家そろってヌーディストでもないかぎり、通常、子どもたちは親と一緒にお風呂に入らないという背景がある。

私の夫は父親の裸を見たことは一度もなく、母親の下着姿や水着姿を見た記憶がかすかにあるという程度らしい。「通信販売のカタログの下着のページを見ながら、女の人ってこういう感じなのかなあ」と想像していただけだったという。

そこでフランス人の友人たちに「子どもと一緒にお風呂に入ったことある?」と聞いてみた。

ほとんどが、しばらく考えてから「うん、あるかも。でも、急いでいたからササーッと一緒に洗っちゃったっていう感じかな」と答える。長い間、湯水に一緒に浸かっていたというわけではないのである。

「日本では、親子でお風呂に入るのは普通なんだよ、私だって小学校の低学年まで父親とお風呂入っていたもの」と言うと、皆、一様に声をひそめ、あたりを憚《はばか》るかのように言う。

「シーッ！　日本ではそれが伝統ならそれでいいの。悪いって言ってるわけじゃないのよ。でも、ここでは、そういうことはあんまり大きな声で言うことじゃないのよ」と。

日本人の子どもが学校でポロっと「お母さんとお風呂に入って」と言ったところ、友達が親に伝え、それから教師、校長の耳に入り、警察を巻き込んで「ペドフィリア（小児性愛）」の疑いをかけられ大騒ぎになったという話もある。それぐらい、「親とお風呂に入る」というのは「異常」なことなのである。

とくに父親が娘と一緒にお風呂に入るとなると、たとえ娘が３歳であろうと要注意である。それを理由に離婚を迫られた、離婚の訴訟のときに持ち出されて不利になった、ということも私は実際聞いたことがある。

逆に、日本の友人たちに「なぜ、フランスでは親子でお風呂に入らないの？」と聞かれれば、返答に困る。日本のような洗い場がないというのも理由の一つだが、ほんとうの理由はまた別のようだ。

フランスでも中世期は混浴の公衆浴場があり、身体を洗うだけではなく飲み食いまでしていた。しかし、ペストが流行《はや》った14世紀以来、「病は湯水から感染する」と信じられたため、人々は湯水で身体を洗うことを極力避けるようになった。その代わり、粉でこすって垢《あか》を落とす技術や臭い消しのための香水術が発達した。現在でも日本人のように毎晩、長々と湯船に浸かる人は珍しく、ほとんどの人は朝、シャワーを浴びるだけである。

次に、裸の禁忌というものがある。

聖書の創世記には、アダムとイヴが蛇の誘惑に負けて知恵の実を食べたことで、自分たちが裸であることに羞恥心を抱き、性器を隠すようになったという記述がある。それによって、「裸は恥ずべきだ」という考えが広まる。西洋絵画にはヌードが溢れているが、19世紀後半まではタイトルはすべてギリシャ神話の神々や歴史上の人物であって実在の人間ではない。つまり、キリスト教が西欧社会に浸透して以来、ギリシャ神話の神々を描くあるいは歴史上の出来事を描くという言い訳がなければ、ヌードを描くことはできなかったのである。

フランスで最初に描かれた人間女性のヌードは、マネの『草上の昼食』（1862〜63年）と『オランピア』（1863年）だ。当然、公展には落選し、落選者展でも「卑猥《ひわい》」「ポルノ」「公序良俗に反する」としてスキャンダルになった。「羞恥の世紀」といわれるほど宗教的な性的抑圧が強かった19世紀は、自分の裸を鏡に映して見ることすら忌まわしいこととされていた。当時の育ちの良い女の子というのは、下着をつけたまま身体を洗い、自分の身体を見

『草上の昼食』マネ作

ないように目をつぶって着替えるように教えられたという。[*6]

それから1世紀半たったものの、いまだに、親が子どもに自分の裸を見せることはきわめて少ない。だから、フランスの子どもたちにとって大人の裸といったら、広告写真のモデルのような完璧なボディなのかもしれない。そう考えると、『みんな裸ポンポン』にショックを受ける人がいることもなんとなくわかると同時に、フランスの子どもたちにとって、大人の裸体というのは、絵本などを使ってきちんと説明してもらわないとわからない、「実体のないもの」だとも思える。

日本の家族風呂文化は、性教育と名こそ

ついていないものの、子どもたちが自然に「どうしてお父さんにはおちんちんがあるのに、お母さんにはないの?」「どうしてお母さんのお腹には傷跡があるの?」などと聞くことができる。

男女の身体の違いや、妊娠や出産でどのように身体が変化するかを知るための、良い機会なのではないかとつくづく思うのだ。

50万人を集めた子ども向け「性」の展覧会

親子間での「裸の付き合い」がないフランス人の子どもたちと、私のように、性をテーマに何を話していいのかわからない親たちをサポートするかのように現れたのが、2007年、パリの科学産業博物館で開催された「おちんちんエキスポ」だ。9歳から14歳を対象にした性に関する博覧会で、教育省サイト内でも学校が引率《いんそつ》していくのに適したものとして推薦されている。

子どもたちに人気があるマンガの主人公ティトフが、性にかんして説明するという構成になっている。ティトフは8歳から12歳くらい、いまいち不器用でモテないがセックスには興味津々。女の子に対して果敢にアタックするが、みんなにフラれまくるキャラクターで、8

00平方メートルに及ぶエキスポ内で主人公を演じる。女の子の視点は、その彼女、ナディアの言葉で説明される。説明はすべて可愛いイラストで、子どもたちにショックを与えないためにという気遣いから、リアルな写真はゼロだ。2007年にパリで大成功を収めた後、7年にわたってEU諸国を巡回し、50万人が訪れた。

その後2014年秋にパリにもどってきたが、今回は、前年の法案可決後、同年春に合法化された同性婚も考慮に入れた、LGBTに関する説明もある「改訂版」になっていた。

会場はどちらかというと、ごちゃごちゃした小ぶりの遊園地のイメージに近い。「恋するってどんな感じ?」「思春期ってなに?」「セックスするってどういうこと?」「どうやって赤ちゃんができるの?」「ペドフィリーをやっつけろ」という5つのセクションに分かれていて、ゲームや映画、イラストを通して子どもたちが遊び感覚で学べるようになっている。

「大人は立ち入り禁止」のコーナーもあり、その前では、親たちが手持ち無沙汰に待っている。私はプレスカードを持っていたので、中に入ってみた。すると、思春期特有の質問に対する答えが出てくる短いフィルムが流れている。「マスターベーションってなに?」「ホモセクシャリティってなに?」「ぼくのおちんちんは小さすぎる?」「お風呂に入っているときに、パパとママンに入ってきてほしくないんだけど、なんて言えばいい?」「ポルノグラフィーってなに?」といったテーマで、率直、簡潔に説明されている。

次は「セックスする」のテーマだ。イラストで体位が描かれているが、「相手を撫《な》でてあげたり、そっと抱きしめることも、優しく話しかけることもセックス。だけど、必ず相手との合意の上で」というソフトな説明だ。「でも、愛していればすぐに気持ちよくなるというような簡単なものではなく、パートナーと一緒に少しずつ試して建設していくもの」というポジティブなコメントもついている。

「性病にかかることもあるからコンドームは絶対必要」という説明があるパネルの横には「バンザイ! コンドーム」というゲーム機がある。ボタンを押したり、ペダルを踏んで色とりどりのコンドームをふくらませるというもので、おじいちゃんと孫が一緒に遊んでいるのを見ていたら、気を利かせたのか「マダム、どうぞ」と言われ困惑する。

9歳からということになっているが、お兄ちゃんやお姉ちゃんにくっついてきた4、5歳の子どもたちも走り回っており、とくにショックを受けた様子もない。私は会場の職員に「8歳以下の子も入っているけどいいの?」と聞いたのだが、「大丈夫。アドバイザーの幼児精神科医によれば、小さい子は自分が興味をもたないものは見ないそうよ」と、自信たっぷりに返された。

セックスについて家庭で何を伝えるか

私が「おちんちんエキスポ」に行ったのはバカンスシーズンだったのだが、おじいちゃんやおばあちゃんと、あるいは家族ぐるみで来ている子どもたちが多く驚かされた。フランスの家庭において、性について話すのはここまで普通のことなのだろうか？

なかには「クリスマスにコンドームの大箱をパパにもらった！」というような子もいれば、私の友人マリーンのように、高校生の息子に「彼女、セックスしても感じてないみたいなんだけど、どうすればいいの？」と質問されて、親子で話し合ったというケースもある。

しかし、あくまでこういうケースは例外だと思う。日本でもフランスでも、家庭でどのようにセックスについて話すかは、親なら誰でも頭を抱える問題だろう。だからこそ、話す糸口を見つけるために「おちんちんエキスポ」に３世代そろって訪れる家庭もあるのだと憶測する。

友人ルーの場合は、セックスについて子どもと話し合うようになったのは、離婚がきっかけだったという。フランスでは、カップルが不仲になると、母親が寝室で、父親がサロンのソファーで寝るというのがよくあるケースだ。当然、子どもは「どうしてママンとパパ、一緒に寝ないの?」と聞いてきた。そこでルーは、「愛し合っているときはセックスするから一緒に寝る。でも、今は、いろんな理由でけんかをしているから、お互いにそういう気になれないのよ」と説明した。状況を明確にすることで、かえって子どもは安心したようだったという。

反対に、12歳と10歳の子どもがいる友人イヴは、性について子どもにすべて話すのは嫌なのだという。

「セックスは神秘的であってほしい。ほら、子どもの頃、親の寝室の前で『この中ではなにが起きているんだろう?』って思いをめぐらしたじゃない。自分でだんだん発見していく楽しみもいいものじゃない?」

雑誌「セクシャリテ・ユメン(Sexualités HUMAINES)」2014年21号での31歳から40歳の保護者を対象にした調査によると、72パーセントの親たちが性について子どもとスムーズに話すことができると答えている。しかし、そのうち46パーセントは「もし、子どものほうから聞いてくるなら」という条件付きだ。また、76パーセントの親は、自分自身の親と性について話し合った経験はないと答えている。ということは、現代の親たちは、自分たちの親とはできなかった話をする、ある意味でのパイオニアなのかもしれない。

パリで活動している精神分析家のS氏は次のように語る。

「あまり小さい子どもに、性についてのイラストを使って説明するのはどうでしょうか。なかには、そういう経験がトラウマになった人もいます。それより、おとなになってスムーズに性的関係を結べるようになるためには、自分の両親がエロス的関係にあることを、子どもがほんのり感じていることが大切なんです。はっきりわからないけれども、両親の間になんとなくエロス的空気を感じるということ。その点、昔の日本の雑魚寝《ざこね》、あれはあれでよかったんではないかと思います」

ミヒャエル・ハネケ監督の映画『愛、アムール』に、アルツハイマーの両親をもつ熟年女性を演じるイザベル・ユペールが、幼年時代を回想しながら、「子どもの頃、ママンとパパの部屋から愛を交わす物音が聞こえてくると、すごく安心した」と語るシーンがある。フランスの子どもたちにとって、両親がキスし合っているのを見たり、性的に愛し合っている空気を感じたりすることは、大人になる上で大切なことの一つなのかもしれない。

3　「愛あってこそのセックス」という創られた伝統

コンドーム着用は〝社会的責任〟

しっかり性教育をしてくれる公立学校に心の底で感謝しているのは、根が恥ずかしがりやの私だけではない。友人のシルヴィーは言う。

「娘には『恋人ができたら言ってね、ピルを飲み始めなきゃいけないから』ってことあるごとに言っていたけど、息子には言いにくくて。でも、部屋のなかに、コンドームが落ちているのをみつけたときは、ほんとうに安心したわ。助かるよね、学校で配ってくれると。夫が教えてくれるわけないいんだから……」

前述した「おちんちんエキスポ」で私は、保護者と性教育のカウンセラーやプランニング・ファミリアル職員がディスカッションするイベントに参加した。スカーフでぴっちり髪を覆い、長いスカートで足の先まで隠したイスラム教徒のママンもいる。学校でのラジカルな性教育と、性について話しにくい宗教を信仰する家庭とのギャップに悩んでいるのかもしれない。大変だろうなと推察する。

思春期の子どもを専門にする男性のカウンセラーが口火を切る。

「うちでは、妻が息子に『出かけるならコンドーム持って行きなさいよー』と声をかけると、『ママン！　僕のプライバシーに介入しないで！』っていつも喧嘩になっていたけど、それでも口をすっぱくして言ったほうがいいんですよ。今や、コンドームをするしないは、夜中に音楽を大音量で聞いてはいけないとか、どこにでも車を止めていいっていうわけではないというような、市民としての心構えなんですから」

駐車と同列に考えていいのかどうかは疑問だが、この国でコンドームを着けることは市民の社会的責任として教えられているようだ。

続いてフランス人のお母さんが発言。

「でも、母親にとって息子にそういうことは言いにくいんですよ。男の子が３人いる友人の家では、コンドームが入っている引き出しがあって、『そこに入ってるからちゃんと使いなさい』って言うんだそうです。３人もいたら、一人ずつにいちいち言ってる暇もないし。ただ、親がそこまでしなきゃいけないものなのか私には疑問です」

別のお母さんが突っ込む。

「でも、どうしていつも、母親がこういうことに頭を悩ませなきゃならないんでしょう？夫は我関せずですよ！」

プランニング・ファミリアルの女性職員が続ける。

「家庭での教育は、未だに性教育も含めて女がするものと思われているんです。約20パーセントの母親と50パーセントの父親が、子どもと性について話したことがないと言ってるんですよ」と。

中学校での避妊教育

避妊というと、数年前、私の息子が16歳だったとき、「彼女の家の近くの薬局が閉まっていて、明日飲むピルがないっていうから、僕が買って持って行ってあげるんだ」と言っていて面食らったことを思い出す。私には子どもに避妊について説明する勇気すらなかったのに、彼にとっては、避妊が女性だけの問題ではなくて、「パートナーと二人で考えること」になっていたのだ。ひとえに学校での性教育のおかげだと思っている。

フランスの中学校は、11歳、12歳から4年間通う。3年生（13歳から14歳）ともなると、性教育も「実技」に近いものになる。性的同意年齢、つまり、自分の意思でセックスするかどうかを決断できる年齢が、法律で15歳と定められており、その前に教育するということだろう。

直近の2014年に発表されたINED（国立人口研究所）の統計によると、今、初体験の平均年齢は17歳である。*7

学校側は、産婦人科医やプランニング・ファミリアルの職員など外部の講師、あるいは保健室の看護師に依頼して、避妊や中絶など具体的な事項について話してもらう機会を設ける。この段階でいちばん焦点があてられるのは、男性用コンドームと女性用コンドームの使い方だ。

エソンヌ県カミーユ・クローデル中学校の3年生を対象とした、避妊に関する授業のビデオを見てみよう。

子どもたちは男女別に、4〜5人の小グループに分かれて座っている。テーブルの上には、実際に手にとれる位置にコンドームがある。講師の看護師の女性が、

「みなさんの年頃で出産するのはどうかしら？　子育てと勉強を両立するのは難しいでしょう。未成年者は無料、匿名で中絶することができるんですよ」

と伝える。未成年者の妊娠は勧めない、という明確なメッセージだ。未成年で出産を経験した子どもが進学をあきらめる数は、出産未経験者の10倍にあたるため、政府は望まない妊娠をした未成年女性の中絶を、親の意向にかかわりなくサポートしている。[*8]

劇団が学校を訪問し、子どもたちの身に実際に起きそうなシチュエーションを演じることもある。私が見たのはフランス3《トロワ》というテレビ局がイヴリン県の中学校で撮影したもので、男優と女優が高校生のカップルを演じ、「初夜」を再現するというもの。いざ、ベッドに一緒に入る段になって、男の子が「コンドーム忘れちゃった」と言い出す。そこで講師が劇を中断し、観劇している生徒たちに発言させるというものだ。

「こういうことになったら、どうする?」という講師の質問に生徒たちが答える。

「だから、女の子も持ってなきゃ」

「避妊してくれないなら、今日はダメって言う」

インタビューを受けた女優が次のように語る。

「自分の体験をみんなの前で話すのは誰にとっても難しいもの。でも、劇中人物の行動に対してどう思うかという問いかけ方ならば、自分との間に距離ができる。それによって皆がリラックスして、話し合うことができるようになるんです」

現在、中絶手術を受ける女性の7割はピルを飲んでいたのにもかかわらず妊娠してしまったケースで、教育が行き渡らない地区、貧困層の女性に多い。このような現状に対応するために、中学校・高校の保健室には、生徒が自由に持って帰ることができるよう籠《かご》に入ったコンドームがさりげなくおいてある。２０００年からは、予期せぬアバンチュールがあった翌朝は、学校の保健室に駆け込んでモーニングアフターピルをもらうこともできるようになった。

以前は保健室の先生が、生徒に理由を質したり、親と話し合うことを勧めることもあった。しかし、そのような質問やお説教があると保健室に行きにくいという声によって、２０１6年6月からは理由の説明さえ求められることはなくなった。さらに、直接薬局に行って、18歳以下であることを証明すれば、匿名かつ無料でモーニングアフターピルをもらえるようにもなった。保険証の提示も求められないので、親バレもない。

ピルでは遅すぎる場合、安全な環境のもとで無料で中絶手術を受ける権利が法的にある。親に知られたくなければ、教師や成人の友人、プランニング・ファミリアルの職員といった成年者に保証人になってもらって、手術を受けることも可能だ。フランスにおいては学校が、両親と性について自由に話すことができない子どもたちも念頭においた上で、家庭を介することなくサポートシステムと子どもたちを直接つなげるパイプラインの役目を果たしているのだ。

「初体験は恋人と」と純情ムードの子どもたち

日本では2005年に、国会で一部公立校での性教育が「過激」とバッシングされたことがある。それをきっかけに教育現場は萎縮してしまった。

当時、「過激な性教育・ジェンダーフリー教育実態調査プロジェクト・チーム」事務局長だった山谷《やまたに》えり子（参議院議員・自民党）氏は、アメリカの性教育を批判して、「中学生にはコンドームを使うのはもちろん、ピルを飲んでフリーセックスを勧めるかのような教育をしています」と発言している。[*9]

「セックスについて子どもたちに説明する＝フリーセックスを勧める」ということだ。

ほんとうにそうだろうか？

少なくとも、フランスではそうではない。2015年5月に日刊紙「パリジャン」に発表されたファイザー基金の統計によると、15歳から18歳の子どもの91パーセントが「セックスより愛が大切」だと答えている。彼らの4分の3が「初体験は恋人としたい」と答えており、経験者の83パーセントは「愛していたからセックスした」と理由を挙げる。子どもたちはいたって純情ムードなのだ。

一つには、学校でも、子ども向けの性教育の教材のなかでも、いつも最初に「愛情」が言及されていることがある。

中学校教師で、二人の子どもがいる友人ジェラルディンは、「この本のおかげで、私もテレないで、セックスを真面目なこととして説明できたのよ」と言って、『愛について』という8歳から11歳向けの本を薦めてくれた。[*10]

まず1ページ目から、「愛情」に焦点があてられていて、2ページ目のパパとママンが裸で抱き合っている挿絵の横に、次のようなキャプションが添えられている。

絵本『愛について』
(8歳から11歳向け版)

「セックスするとは、甘い言葉をささやいたり、抱き合ったり、相手の身体全体を愛撫すること。愛し合っている男性と女性ができるだけ近づこうとすると、二人の身体は絡み合い、男性のペニスは大きくなり、女性の性器の中に入る。とてもきもちいいことだけれども、それは恋人たちが二人っきりで分かち合う秘密。そのことをプライバシーと言う」

「愛しているからセックスする」という説にはもちろん欺瞞《ぎまん》がある。人間は欲望があるからセックスするのだから。しかし、これは、ネット上で簡単にアクセスできるポルノ画像に対する、予防としてのレトリックなのではないかと思うのだ。

２０１８年６月15日の「ル・モンド」紙に掲載された、調査会社イプソスの統計によると、14歳～24歳の21パーセント、14歳～17歳の９パーセントが週１回以上ポルノ動画を観ているそうだ。

15年来、性教育の講師を務めているストラスブール大学病院教授、イスラエル・ニザン医師は、子どもたちの発言を聞けばいかにポルノ動画に影響されているかがわかり、胸が痛むという。ニザン医師は、

「『動画のように、彼女が嫌だって言ったら、友達に押さえつけてもらってもいいんですか？』というような質問も飛んでくるのだから、ポルノ動画は暴力という観点ではほんとうに有害。また、俳優がやっている行為を真似しようとするが、当然できず、自信喪失してしまい、ひいては自分なりのセックスを見出せなくなってしまうなどの後遺症もある」とも語っている。[*11] デンマークでは、学校で、ポルノ動画の一部を上映し、フィクションと現実の違

いを意識させ、批判精神を養うという方法もとられているという。[*12]

禁じられた遊び

日本における「春画」は、かつて女性の嫁入り道具として、セックスライフのマニュアル本としての役割を果たしていた。その春画には、マスターベーションを描いたものが数多くある。ということは、日本ではマスターベーションは禁忌ではなかったということだろう。

18世紀以前のヨーロッパでは宗教的観点から、マスターベーションは禁止されていた。キリスト教徒の子孫を繁栄させるための精子を無駄にするという理由からだ。その後、18世紀から20世紀半ばまでは、医学的観点から禁止されている。ポーランド国王の侍医《じい》になったサミュエル・オーギュスト・ティソというスイス人の医師が、1758年に『マスターベーションと国民の健康』という本のなかで、「マスターベーションをすると病気になる、視覚・聴覚・記憶が衰える」と主張した。そして、これがヨーロッパ中で読まれるベストセラーになったのである。

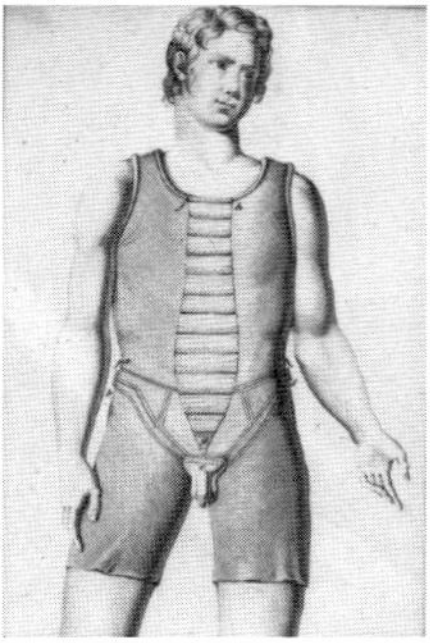

マスターベーションをさせないためのコルセット（19世紀）

19世紀を通じて、マスターベーションをしないように子どもたちを監視するのは、親や寄宿舎の教師の役目だった。子どもたちは、手を布団の上に出して寝るように躾《しつ》けられ、なかには手を縛ったり、拘束衣のようなものをつけられる子どもさえいた。

西洋から性に関するモラルを導入した明治政府は、日本に、このマスターベーションに対する罪悪感と禁忌を植えつけた。

詩人で随筆家の薄田泣菫《すすきだきゅうきん》は大阪毎日新聞に連載した『茶話』（大正5年5月15日夕刊[*13]）の中で、次のように書いている。

新渡戸稲造は近眼の原因をある学生に訊かれ、「無論本も読んだには読んだがね、然し、本を幾ら読んだからって人間は近眼になるものぢやない。僕は学生時代にね……」と『英文武士道』の表紙のように一寸顔を紅くして「気恥ずかしい訳だが、性慾の自己満足を余り行《や》り過ぎたもんだでね……」と言って、口が酸っぱくなる程性慾の自己満足を戒めたさうだ。

フランスでも日本でも、まちがったマスターベーション観が横行していた。

今、フランスの薬局や医院の待合室で無料配布されている思春期の子どもを対象にした「性教育ガイド」のなかに、マスターベーションのページがある。そこには、「ほとんどの人がしていて、男の子は勃起、女の子はオルガスムを引き起こします。５、６歳から始める人もいれば、それ以前に始める人もいます。いけないことではないので、罪悪感をもたないこと。まったく健康に害はないし、したから妊娠するわけでも、病気になるわけでもありません」と書かれている。

性科学医《セクソログ》のフィリップ・ブルノ氏にお話を伺った。

「20世紀後半の性に対する考え方の大進歩の一つは、マスターベーションに対する罪悪感がなくなったこと。おとなになってセックスを楽しめるようになるためには、マスターベーションを思春期に体験することが、むしろ必要なんです。自分にとってきもちいいことは何かを自分で発掘してみて初めて、パートナーにそれを伝えることができるのですから。まずは、自分とのエロス的関係を築かなければ、他人と関係できないでしょう」

性的他者の感受性を受け入れる

中学校、高校に性教育の授業をしに出向するプランニング・ファミリアルの女性職員に、授業内容についてインタビューをした。

「私は90年代、エイズが深刻だった時代に10代を過ごしたんです。だから、学校の性教育というと、『エイズになるから絶対コンドームをしましょう』ということばかりで、憂鬱《ゆううつ》だったわ。これから人生を楽しもうという子どもたちにそういうことばかり言うのは、いかがなものかと思いました。私たちは性教育の講師として学校に出向きますが、今でも学校側は、性病予防や避妊といったテクニカルなことについての授業を期待していることが多い。だから、私たちはもっと別のことを提案するようにしています。『どうやって性的他者である相手を受け入れるか。ここまではOKで、ここからはノーだということを、どうやって相手に伝えるか』といったことを」

中学校4年生、14歳以上を対象にした性教育の授業では、性的他者が何を考えているかについて興味をもたせるために、女子と男子に意見交換の時間を作っている。私が録画を視聴した高校生の授業では、18歳の男の子の家に16歳の女の子が遊びにきて一緒に夜を過ごすというシチュエーションが設定され、それについて生徒たちが議論するものだった。講師を務めるのは、未成年刑務所で教育官としてキャリアを積んだ男性だ。

女の子は彼に好意をもっているが、「今日はキスだけ、まだセックスしたいわけではない」

と言う。しかし、男の子は簡単にひきさがらず、しつこく迫《せま》る。――このシチュエーションを説明したあと、講師は生徒たちに質問する。

「この女の子のこと、どう思う？」

「男の家に夜、遊びにくるんだから、誰とでもする子なんじゃない？　売春婦っぽい」と答える男の子もいれば、「ただ好意をもっているだけだとか、一緒に眠りたいだけのときもあるよ。それにはっきり『イヤ』って言ったんでしょ？　じゃ、なんで無理強《むりじ》いするの？」と反論する女の子もいる。

講師は、ここぞというときに巧みに質問を投げかけ、会話を発展させていく。

「ちょっと待って。今、誰か『売春婦』って言ったよね？　その言葉、どういう意味で君たちは使っているの？」

「だから、簡単に誰とでも寝る女の子のこと」

「不思議に思わない？　簡単に誰とでも寝る女の子のことは売春婦といって軽蔑するけど、男の子が複数の異性と寝てもそれはかえってモテ男として賞賛されることがある。どうしてだろう？」

講師は、自分が少年刑務所で受け持ったある少年の例を話して、授業を締めくくる。

「私が受け持った少年は、『彼女のほうから家に遊びにきたから合意できた』と解釈して、彼女とセックスした。でも、彼女にとって、それは強姦《ごうかん》でしかなかった。訴えられた彼は禁固刑になり、彼女も長期の鬱病にかかってしまったんだ。お互いが、相手のサインをきちんと読み取れないと、そういう取り返しがつかないことになってしまうんだよ」と。

同じシチュエーションを、異性はどのような感性で受けとめるのか、活発に交わされる意見を通して、その違いが浮き彫りにされていく。異性に対する偏見がまだ浅い若いうちに、男女間でタブーなしの会話をする機会を学校が与えることで、セクハラやセクシズム（性差別）の根源である性的他者に対する恐れや無理解を解消する手がかりが見つかるのかもしれない。

4　性教育後進国・日本と先進国・フランス

パリ五月革命とエイズがセックスを変えた

恋愛大国というイメージのあるフランスだから、昔からリベラルな性教育が行われていたのだろうか。実はそういうわけではない。

１９６０年代初め、20代だった私の夫が、当時の恋人を家に連れて帰ったところ、父親の逆鱗《げきりん》に触れ、二人とも家に入れてもらえなかったことがあったという。

性的モラルという点では日本と同じくらい、いやそれ以上に厳しかったはずだ。夫は、「結婚していないカップルがホテルに泊まるときは、フロント係にバクシーシ（チップ）でもあげないと警察に通報されてもしかたなかったんだよ。フランスでは１９７５年まで不倫は軽罪だったんだから」と言う。

「お泊まり」する現代のフランスとは、かなりの違いがある。高校生が自宅に恋人を連れてきて、親の隣の部屋で堂々と

『愛、結婚、幸せ』という50年代の性教育についての本がある。このなかで、医師である著者は、男の子に禁欲を勧め、「コショウやマスタード、酒といったものは興奮剤だから避けるように。それから友達と性的なことに関しておしゃべりをしたり、想像力を刺激する読書や絵画鑑賞もよろしくない」と言っている。[*14]

では、同時代、日本の性教育はどうだったのだろう?

1950年に、「男女共学制が実施されるに伴い、男女の交際も適当な指導がなければ、性道徳の壊廃がもたらされる憂いがある」という動機で文部省純潔教育分科審議会から出版された『男女の交際と礼儀』という本がある。

それによれば、当時の新制高校では、男女間のグループ交際による友情は奨励されていたが、一対一の男女の交際は「いけないこと」、不純とされていたようだ。「社会的に自立しないで、軽率に交際して、肉体的に結合しようとするようなことは、もちろん真の恋愛ではなく、動物的な行為というべきです」と、セックスは厳しく糾弾されている。

とくに気になるのは、「欧米では」という言葉が繰り返し出てくることである。

江戸末期、日本に開国を迫ったペリーによる日本遠征記には、「裸でも気にせず男女混浴をしている公衆浴場を目のあたりにすると、アメリカ人には住民の道徳性についてさほど良い印象はもてないだろう。……（中略）日本の下層階級の人々は、たいていの東洋諸国民より道徳心が高いにもかかわらず、淫らであるのは間違いない。入浴の光景は別にしても、猥褻な挿し絵付きの大衆文学には、民衆のある階級の趣味や習慣が不道徳であることを十分に証明するものがあった。その淫猥さはうんざりするほど露骨であるばかりではなく、汚れた堕落の恥ずべき指標だった」と、日本の春画や混浴の習慣が「恥ずべきもの」としてしるされている。[*15] そして、明治維新以降、これまでの性表現が規制され、春画の販売や混浴、縁側で腰巻姿で寛《くつろ》いでいても警察に引っ張られるようになった。ましてや、19世紀半ばは、欧米の歴史のなかでももっとも性に関して抑圧的だった時代だ。その厳しいモラルが、まったく違う文化背景をもつ日本に植えつけられ、第二次世界大戦敗戦によってさらに「欧米こそがモデル」だという意識が強化され、そのまま、国会で性教育バッシングがされる今日に至ったのではないだろうか。

いずれにせよ60年前、フランスでも日本でも性教育は「青少年にセックスさせないこと」を目的とした、抑圧的なものだった。では、フランスはなにをきっかけに、リベラルな、ときには保護者をドギマギさせてしまう現在の性教育に発展したのだろう?

大転換の一つは、まさに今年50周年を迎えている世界的な学生運動、1968年のパリ五月革命だった。

ナンテール市の大学寮で、男子学生の女子寮夜間出入り禁止という男女交際を妨げる規則への不満を発端とし、当時のキリスト教の教えに基づいた抑圧的な性モラル、ブルジョアジー的価値観、家父長制(注)的な社会に対する革命に発展した。また、アメリカからのフラワームーブメントやベトナム反戦運動の影響も受け、社会を大きく揺り動かした。学生たちは石畳を剝《は》がして機動隊に投げつけ、労働者と結託してパリをゼネスト状態に陥《おとしい》れた。

日本でも同様に、70年代前後に、学園紛争や全共闘運動が起きた。しかし、ユーミン（荒井由実）が詞を作った『「いちご白書」をもう一度』には、「ぼくは無精ヒゲと髪を伸ばして／学生集会へもときどきでかけた／就職が決って髪を切ってきた時／もう若くないさと／君に言い訳したね」とあるように、左翼学生たちは卒業とともに長髪を切って企業社会に身を投じ、高度成長の担《にな》い手となった。また、浅間山荘事件や三菱重工爆破事件が起きたことも一般市民の反感を買い、左翼勢力の衰退へとつながったかもしれない。

いっぽうヨーロッパでは、学生と労働者が手を結んだことで、学生運動は市民の意識を大きく動かすきっかけになった。労働条件が改善され、大学改革が実施された。五月革命を経験した若者たちは、その後の左派の思想的担い手となり、エコロジー運動をはじめとした市民運動を生み、その後の社会の在り方を変えた。いちばん大きな変化は、平等意識の高まりと家父長制の崩壊だと思う。親と子、男性と女性、教師と生徒の間にあった距離が縮まり、以前より対等に話し合うことができるようになった。

１９６８年の五月革命の際に「思いっきり感じたい！」という有名なスローガンが生まれたが、女性が、「子どもを産むだけではなく、人生を楽しむためにセックスしたい」と憚《はばか》ることなく口に出せるようになり、その流れのなかで、67年に国会で採択されたピル解禁法が72年に実施されるようになった。また、75年に妊娠中絶も合法化されている。

このような性意識の急激な変化に対応するために、70年から自発的に、課外授業として性教育を始めた中学校、高校がちらほら出てきた。71年には、エソンヌ県のコルベイユ市の公立高校でキスをして校長に咎《とが》められた生徒が、同市の医師ジャン・カルパンチエ(注)氏と協力し

家父長制　『家父長制と資本制』（上野千鶴子著、岩波現代文庫、２００９年）によれば、家族の中で年長の男性が権威を握る制度。家族の中の年少者及び女性が従属的な立場に置かれ、労働を搾取される。

ジャン・カルパンチエ　一九三五年生まれの医師。「セックスを学ぼう」というパンフレット製作・配布し、１９７１年に停職処分となる。また、高校でこのパンフレットを生徒に読ませた哲学教師が風紀紊乱《びんらん》罪で逮捕されるという事件もあった。二〇一四年没。

て行動委員会を立ち上げ、学校側に、「キスを禁止するかわりに性に関する情報を提供してくれ」と求めた事件もある。[*16] 新しい性意識を前に戸惑う保護者に、学校側が情報を与えるシステムも少しずつできた。

80年代の性教育は、人間の生殖の仕組みを生物の授業のように説明するだけのものだった。それが90年代になって事態は急変した。フランスにとっての90年代、それはエイズの時代なのだ。80年代末から性教育の講師を務める産婦人科医クポット氏は言う。

「僕自身もエイズで友人を失った。そうなると、恥ずかしいなんて言ってられなくなった。エイズは血や精液内のウイルスによって感染するのだから、アナルセックスやフェラチオについても話をしなくてはならない。それも、まだ、キスも未経験といった子どもたちを相手にね」

89年に渡仏した私にとって、90年代の思い出はエイズなしには語れない。

最初は「知人の知人」だったのが、だんだんと「知人の子ども」になり、そしてついには直接の知人や同じアパートの住人がエイズで亡くなり、友人が感染した。95年、日本でのHIV感染者は54人だったが、フランスでは11万人。欧州一の感染者数（ドイツやイギリスの約3倍）だったのだ。[*17]「コンドームは売春婦と関係をもつときだけ使う」というそれまでの常識が覆《くつがえ》され、「コンドームは絶対」になった。

96年の段階で性教育は義務教育の一部として組み込まれ、中学校ではペニスの模型を机の上にドーンと置いて、コンドーム着用を教える「実技並み」になった。そこには、頭の固い保護者団体も同意せざるを得ない時代的背景があったのである。

68年に起きた五月革命がほんとうに結実したのは、当時の学生たちが政権の立役者となった社会党ミッテラン政権が誕生した1981年以降のことだ。女性が首相など政府の要職に就くようになり、発言権が高まったことの影響は大きい。前述した、世界初の保健室でのモーニングアフターピル無料配布は、当時、教育大臣（1997‐2000在任）だったセゴレン・ロワイヤル氏の尽力によるところが大きい。1953年生まれ、ピル解禁時には19歳だった（のちに2007年、女性として初の大統領候補となる）。

ロワイヤル氏は、家族・児童・障害者担当大臣（2000‐2002在任）に就任すると、性教育の効果を上げるためには、羞恥心や罪悪感が刷《す》り込まれる前から早期教育をすることが必要と考え、2001年、幼年学校（3歳以上）から家庭での男女の役割に疑問を抱かせ、小学校4年生から性教育を義務化する法案を提出し、採択された。同時に、「愛情表現という観点から性について考えることは、若者の自己形成に欠かせない」として、性教育の中で、避妊や性病予防だけではなく、愛情について言及することを提案。2003年、前述の「愛情生活と性に関する授業」が実施されるようになった。「コンドーム着用は絶対」という意識が十分に定着し、エイズが下火《したび》になってはじめて、教育者の側も性の心理的な側面に触れる余裕がでてきたからだろうか？　あるいは2001年ころからインターネットが各家庭に普及し、子どもがポルノ画像に触れる危険性について深刻に考えられるようになったこともあるだろう。

日本の教育現場も変わりつつある

私はフランスの性教育について、平成27年第4次男女共同参画会議の計画策定専門調査会委員を務める知人に話したことがある。「プログラムの内容自体は、そんなに日本と変わらないと思う。フランスの特徴は生徒に話し合わせることだと思う」というのが、彼女の感想だった。

日本の性教育元年は1992年。フランスと同じエイズパニックに続き、学習指導要領が改訂になり、小学校から性教育が行われるようになった。[*18]

しかし、2013年8月26日号の「AERA」（朝日新聞出版）で、女子栄養大学栄養学部教授の橋本紀子氏は「日本の性教育ではある10年間をのぞいてセックスレスになってもおかしくない」と語っている。[*19] 男女のセックス観の違いをさかのぼると性教育にその原因がみつかるから、だそうだ。

文部科学省は「性教育をすると安易なセックスに走る」という懸念から、生殖の仕組みについては教えても、セックスについては教えないという「はどめ規定」を定めており、それが理科や保健体育の範疇での性教育を中途半端なもの、核心をつかないものにしてしまっている。生徒に自由に質問させるなどはもってのほか、隠しごとをしているような授業になってしまうのである。

当然、子どもたちはセックスに対して、「悪いこと」という暗いイメージをもつ。だから一生を通じてセックスを楽しめない。そもそも女性が自分の身体の仕組みをよくわからないのであれば、妊娠の機会を人生設計にプログラムできない若者が増えるばかりだろう。

また、異性交際を「不純」とする校則のある学校があったり、「セックスのことを知るのは結婚してから」と発言する政治家がいたりと、このままでは、教育現場や政治にはあまり期待できないかもしれない。

そんな悲観的な状況に一筋の光を射してくれるのが、『ニッポンの性教育　セックスをどこまで教えるか』（中京テレビ、安川克巳ディレクター）という優れたドキュメンタリー番組だ。[*20]日本でも、紙芝居や人形芝居を使いユニークな性教育をしているお母さんグループや、学習指導要領の制約を受けない課外授業の範囲で画期的な性教育をする市立中学校があることを知った。現場から社会の風潮を変えようとしている勇気ある人々に期待したい。

2016年5月。フランスでは、2003年から実施された性教育「愛情生活と性に関する授業」の成果が発表された。[*21]成功しているのは避妊、性感染症、生殖に関する知識が行き渡ったこと。未成年者の中絶率は2010年から減少している。まだまだ教育不足なのは、パートナー同士でお互いを尊重すること、性的暴力について、快楽についてといった男女の精神面での関係性だ。

男女平等監査局は、「まだ性欲の強さが男性らしさと結びつけて考えられている」と発表している。男の子にとってセックス体験が多いことが誇りにつながるのに反して、女の子は、未だに「モテたい、でも簡単に寝る女と思われたくない」という意見が多いからだ。「女性は清純なほうがいい」というイメージは、日本と同じく根強いようだ。

次章では、中世期の性教育であった「騎士道恋愛」をはじめとして、フランスが社会のなかで「性」をどのように位置付けてきたか、その発端について言及したい。

第2章——キリスト教が「色気ある社会」を作った

1　男女平等より性差を大切にする背景

ジェンダー論が流行らない理由

日本の文科省から見て「過激な」性教育をしている国はフランスだけではない。スウェーデン、フィンランド、デンマークといった北欧諸国、そしてドイツもだ。

このような国での性教育は男女平等教育の一環として行われており、男女平等度も高い。ところが、不思議なことに、フランスでは「過激な」性教育が実施されているにもかかわらず、それがなかなか男女平等度の上昇につながっていないのである。

なにかが平等度の上昇を阻んでいたのだ。

2013年の世界経済フォーラムにおける、男女格差の度合いを示す「ジェンダー・ギャップ指数」で、フランスは45位（日本105位）、そして2014年は16位（日本104位）、2017年にようやく11位（日本114位）に上昇した。

図表2-1　ジェンダー・ギャップ指数（2017年）

順位	国名	指数
1	アイスランド	0.878
2	ノルウェー	0.830
3	フィンランド	0.823
4	ルワンダ	0.822
5	スウェーデン	0.816
11	フランス	0.778
12	ドイツ	0.778
15	イギリス	0.770
49	アメリカ	0.718
100	中国	0.674
114	日本	0.657

（出所）世界経済フォーラム「The Global Gender Gap Report 2017」をもとに作成

では、職場での状況を見てみよう。2015年1月の国際労働機関（ILO）による女性管理職比率ランキング（少々古く感じられるが最新のもの）によれば、フランスは39・4パーセントで世界24位。日本政府は「2020年までに女性管理職比率を30パーセントにする」という目標をかかげているが、わずか11・1パーセントで96位。

ところで、2018年3月5日の仏経済紙「レゼコー」電子版は、現在、フランスのプライム市場CAC40（旧パリ証券取引所に上場する40社で構成する株価指数）に属する企業の取締役会・監査役会で、女性が占める割合は42・3パーセント、SBF120（CAC40企業とフランスの上場企業80社で構成する株価指数）に属

図表2-2　女性管理職の比率（2004年〜2012年）

順位	国名	割合（%）
1	ジャマイカ	59.3
2	コロンビア	53.1
3	セントルシア	52.3
4	フィリピン	47.6
5	パナマ	47.4
15	アメリカ	42.7
24	フランス	39.4
41	イギリス	34.2
55	ドイツ	31.1
85	中国	16.8
96	日本	11.1

（出所）国際労働機関「Women in Business and Management: Gaining Momentum」をもとに作成

する企業では42・6パーセントと報じた。

たしかに朗報かもしれない。しかし、これは、「2011年1月27日企業内での男女平等法」によって、大企業内での取締役会・監査役会メンバー選出に際して、男女比のクォータ制（注）導入が義務として法制化されたからだろう。というのは、この平等法が適用されていない経営執行委員会の女性率は、CAC40では14・7パーセント。SBF120では15・3パーセントと依然として低いからだ。そしてCAC40の代表取締役は、全員男性。

逆に言えば、クォータ制を導入しなければ、企業内で要職に就く女性の比率は低迷したままだったということになる。

「企業を率いるのは男性」という考え方がな

図表２-３　フランスの女性議員比率の推移

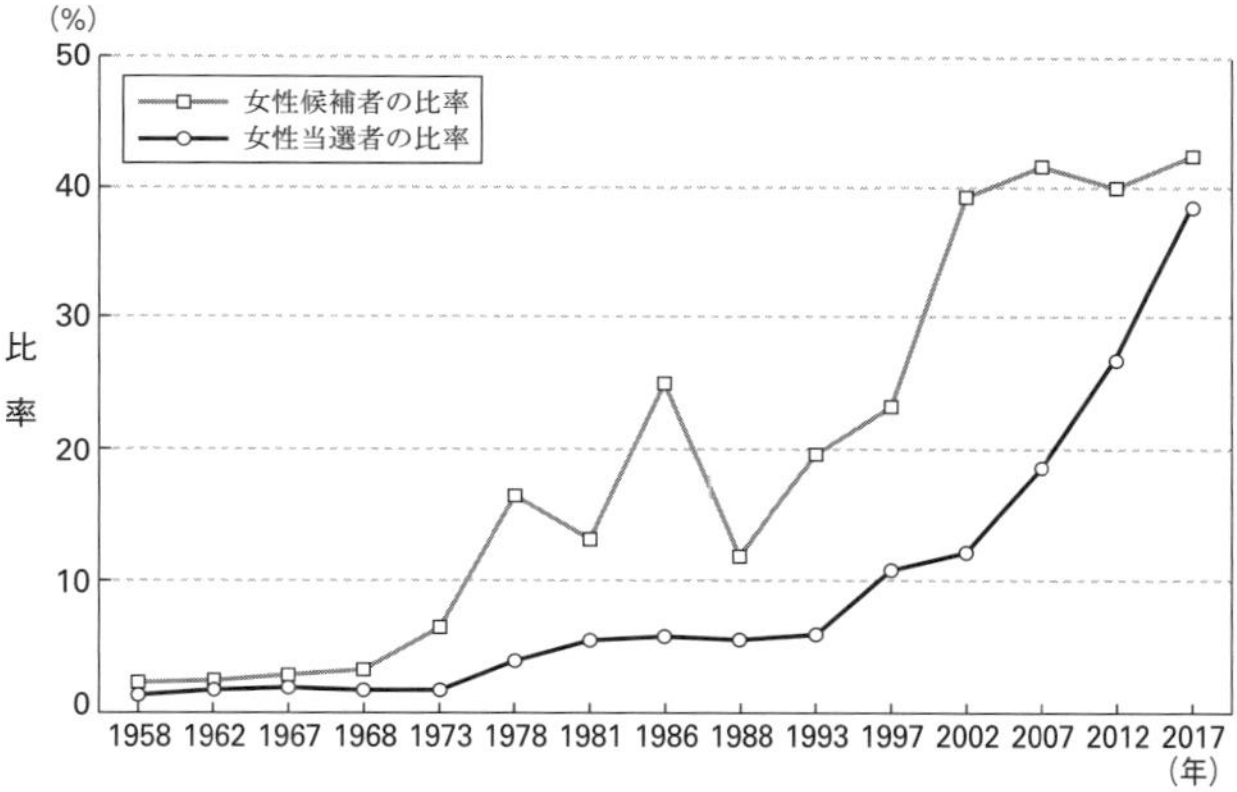

（出所）Observatoire des inégalités「La part de femmes au Sénat progresse modestement」をもとに作成

かなか改善されない。その根源はなんと言っても教育にあるだろう。学生時代には「女の子だから文系でいいじゃない」と言われ、社会に出てからも「女なんだから昇進しなくてもいいか」と考える。そういった先入観や自己規制が、社会だけではなく本人にもしみついている。それが女性を昇進コースから大きく外れさせているのではないだろうか。

このような状況を改善しようと、オランド政権（２０１２-２０１７）は、２０１３年、

クォータ制　取締役や議員に女性を増やすため、一定数を割り合てる制度。フランスでは、職員５００人以上、男性あるいは女性の比率を２０１４年までに最低20パーセント、２０１７年までに最低40パーセントにするよう法制化された。

選挙公約であった男女平等を幼稚園の幼児から小学校最終学年の児童までを対象に教える教育プログラム「男女平等へのａｂｃｄ」を試行した。これは、幼児期から無意識のうちに刷り込まれる社会的・文化的性差、ステレオタイプ的な「男性らしさ」や「女性らしさ」に、ちょっと疑問をもってみようというソフトなジェンダー論的試みである。次の二つの授業の例を見てみよう。

授業例　①

シャルル・ペローの童話集のなかの『眠れる森の美女』を教材にして、「なぜ挿絵のなかの美女はいつも人待ち顔なのか」「騎士がお城で待っていて、美女が外で馬を乗り回したらどうなるか」などの質問を教師が提案し、生徒たちにディスカッションさせる。

授業例　②

画家イアサント・リゴーによる肖像画『ルイ14世』（1701年作、次ページ）を見せて、当時60歳を超えていた王が巻き毛で長髪のカツラを被ったり、赤いハイヒールの靴を履いていることから、「男性らしさ」や「女性らしさ」は絶対的なものではなくて、時代

や文化によって変化することを説明する。

私には良いアイディアに思えたのだが、この教育プログラムに反対する親たちの数は思いのほか多かった。各地で大規模な反対デモが定期的に繰り広げられ、約１００校の公立幼稚園・小学校では、子どもをサボタージュさせる親まで出てきた。

右翼思想者、キリスト教原理主義者、イスラム教原理主義者といった人々だけではなく、とくに政治色をもたない親まで、伝統的な男女の役割に固執する人々がＳＮＳを通して集まった。そして、「ジェンダー論を子どもに教えるな！　男性と女性は誕生とともに生物学的な性差によって社会、家庭内で占める役割が決められている」というスローガンで、教育省の方針に反対を示す運動を始めた。

『ルイ 14 世』イアサント・リゴー作

いったいなぜ「男女平等」を子どもに

教えることに反対するのか？　「平等」と聞くとポジティブなことのように感じるが、ここフランスではそう一筋縄ではいかない。「いや、男と女は違う、性差を大切にしたい。簡単に平等などと、男と女は同じだと言うのは困る！」といった反応をする人々が、実に多いのだ。

たとえば同僚のエマニュエル。熱心なカトリック教徒なので避妊をしないのだろう、20代後半ですでに４人の子どものパパだ。彼は、

「人間は生まれながらに、男か女。これは神様が決めたことだから、受け入れなきゃ。人間はＬＥＧＯじゃないんだから、好きなように男になったり女になったりできないよ。もっと『自然の摂理』を尊重して、女の子は女らしく、男の子は男らしく育ってもらいたい」

と言う。

「男女平等へのａｂｃｄ」プログラムに対する抗議運動は、教育関係のデモとしてはこの30年でいちばん激しいものに発展し、政府は、２０１４年3月、プログラム試行の撤回を余儀なくされた。

実は、この「男女平等へのａｂｃｄ」のモデルになったのは、１９８8年からスウェーデンの幼稚園で実施されている「性差のない教育」というプログラムだ。なぜ、25年も前から

スウェーデンで問題なく受け入れられている教育プログラムが、フランスではすんなり機能せず、ボイコットの憂き目を見たのだろうか？　「機会は均等に、でも、男女は違ったままでいたい」というニュアンスであろうか。

ともあれ、フランスでは過激な性教育はＯＫだが、ジェンダー論は流行らないのである。

「売女！」「子宮がこれから発言します！」「脱げ！」

おまけにフランスの政治の場は、数年前まで、日本と同じくホモソーシャルな場、女性が発言しにくい場だった。

10年ほど前までは、女性議員が演壇で発言すると、

「売女《ばいた》！」

「子宮がこれから発言します！」

などといったあり得ない性的野次《やじ》が飛ぶことさえあった。環境大臣、国民教育大臣、家庭省大臣を歴任し、２００７年の大統領選挙では女性で初めて決選投票に進出したセゴレン・ロワイヤル氏（社会党）は、80年代、質疑をしたときに右派議員から「脱げ！」と野次られたこともあった。[*1]

図表２-４　世界193カ国の下院における女性比率（2018年5月1日現在）

順位	国名	割合（%）
1	ルワンダ	61.3
2	キューバ	53.2
3	ボリビア	53.1
4	グレナダ	46.7
5	ナミビア	46.2
16	フランス	39.0
41	イギリス	32.0
46	ドイツ	30.7
70	中国	24.9
102	アメリカ	19.5
158	日本	10.1

（出所）列国議会同盟「国会における女性議員の比率」をもとに作成

２０１３年、地域間平等・住宅大臣であるセシル・デュフロ氏（エコロジー党）が国会で答弁した際の野党男性議員の態度も、目にあまるものだった。ごくクラシックな花柄のワンピースを着てマイクの前に立った彼女に対して、服装をからから野次が飛んだ。彼女の答弁が、口笛、下品な冗談、笑い声で消されてしまい、ついには議長がキレるという場面もあったのだ。

当時（２０１３年から２０１７年）、国会の女性議員比率は25・6パーセント（上院25パーセント、下院26・2パーセント）。列国議会同盟が発表した「国会における女性議員の比率２０１５年」[*2]によると世界で46位だった。

一方で、２０００年と２００７年に発効し

た「政治に関する男女平等法(注)」によって、各政党は候補者の男女比を同数にすることを義務付けられ、徐々に女性議員が増加していった。

その結果、現マクロン政権（2017年から）では女性国会議員の比率が35・4パーセント（上院29パーセント、下院38・7パーセント）になり、列国議会同盟が発表した「国会における女性議員の比率2018年」では、世界で16位に上昇した[*3]（日本は158位）。現在、市議会議員の40パーセント、欧州議会議員の42パーセント、地方議会議員の48パーセント、県議会議員の50パーセントが女性である。女性議員数が過半数に近づけば男性議員の態度は変化するのか、男性議員は目に見えておとなしくなった。しかし、トップ層は相変わらず男性が占めており、女性市長は16パーセントのみ、14地方議会のうち女性議長は3人[*4]、マクロン大統領の側近は男性エリート層だけで固められているのが現状だ。

政治に関する男女平等法　正確には「政治に関する男女平等2000年6月6日法」。住民数3500人以下の市議会選挙、県会議会、3人以下の上院議員を選ぶ地方上院選挙を除いた政治選挙を対象にしている。下院選挙では、候補者の男女比平等を守らない政党は罰金を科される。「政治に関する男女平等2007年1月31日法」では県議会も対象となり、すべての候補者は異性の代理人とともに出馬し、下院選挙において候補者の男女平等を守らない政党への罰金はさらに増加した。

キリスト教と女性蔑視

なぜこのように政治の場でのセクシズムが強いのだろうか。それは、フランスに女王がいなかったことと関係しているかもしれない。

フランスの前身となったフランク王国（481－987）のサリカ法典では女性の土地相続が否定されており、王権に関しても女系継承が禁じられていた。

また、ギリシャ神話の中で人類に災厄をもたらした女性パンドラや、ユダヤ民族の伝承に現れる女悪霊リリスと同様、18世紀まで国教だったキリスト教に女性蔑視的な側面があったことも、女性の公的な場での発言権をさらに弱いものにした。

旧約聖書(注)の創世記第1章27節に、「神はまず自分のかたちに人を創造された」とあるが、この「人」は原文のヘブライ語において暗に「男性」が意味されている。また、2章22節で「主となる神は人から取った肋骨で一人の女を造り」と記述されているが、肋骨という曲がった骨から生まれたから、女性は性根も曲がっていると解釈された。また、イヴは蛇の誘いにのって禁断の知恵の実を食べてしまい、アダムにもそのように勧めた。この聖書の一節ゆえに、女性は誘惑に弱い者として、また、男性を罪に陥れる存在としてみなされるようになった。女性イコール過《あやま》ち、だから女性に重要な任務は任せられないという図式ができあがった。

それに加え、13世紀、「男性は強い身体と理性を、女性は弱い身体をもち、分別がない」という古代ギリシャのアリストテレスによる女性蔑視的考えが聖トマス・アクィナス（１２２５頃‐１２７４）の思想を通じてカムバックし、キリスト教の僧侶たちの間でひろがったとも女性蔑視に拍車をかけた。僧侶たちによって、女性は「贅沢好きで自尊心が強い、嘘つき、おしゃべり」という形容詞で語られるようになった。「女性は、男にとって避けることができない悪」とまで言われ、[*5]中世の魔女裁判では研究によっては「魔男」もいたとされるが、一般的には女性の方が多く裁かれた。

18世紀、フランス全体が根底から覆《くつがえ》されたフランス革命時（１７８９年）にも、女性は「法的平等」を手に入れそびれた。「すべての市民は法のもとに平等」とし、現在の民主主義の土台となった人権宣言が発布されたが、ここで言及されている「市民」は「白人男性だけ」を指しており、女性は人権宣言内の「平等」の対象にならなかった。１７９１年、作家

聖書　引用は、すべて日本聖書協会出版（１９５５年改訳）の聖書より。

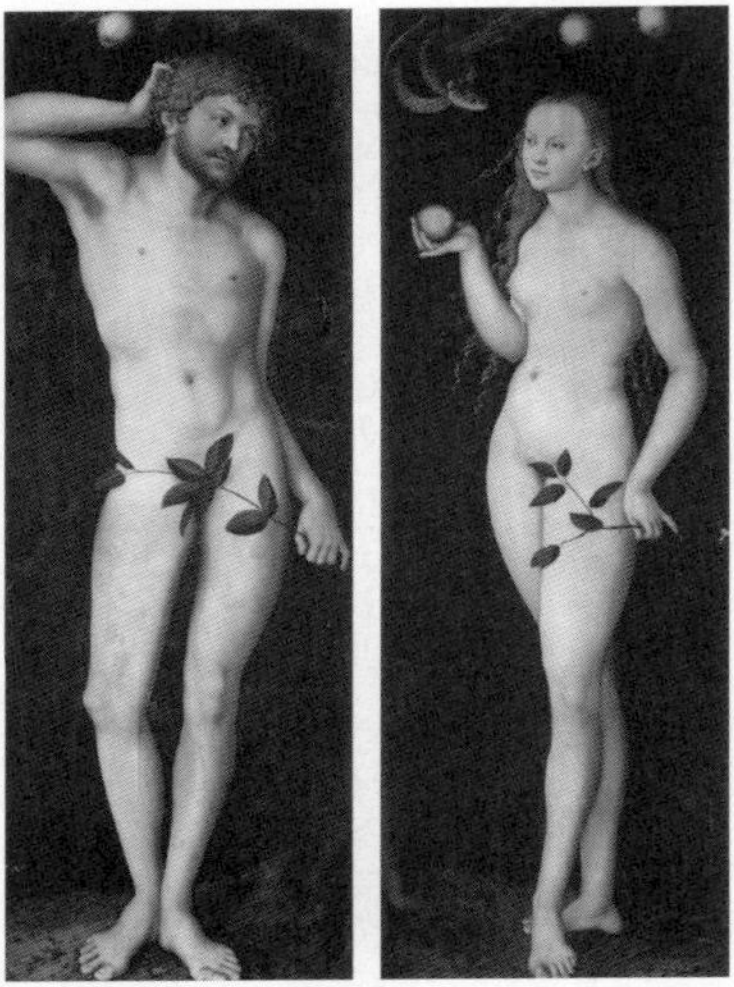

『アダムとイヴ』ルーカス・クラナッハ作

で女優のオランプ・ド・グージュ（1748－1793）は、17条からなる『女性と市民の権利宣言』を発表し、男女が法の前に平等であることを求めた。女性だからといって特別な恩恵を受けることもなければ、逆に責任から逃れることもできない、しかし政治参加する権利はあることを明らかにした第10条「女性も罪を犯した場合にはギロチン台に昇って斬首される義務もあるが、演壇に昇って発言する権利もある」が特に知られているが、革命政府によって反革命的と見なされ処刑された。

その背景には、大革命に多大な影響を与えたジャン＝ジャック・ルソー（1712－1778）のような啓蒙思想家でさえ、「男性は社会で活動、女性は家庭を守る」という女子教育論を『エミール』（1762年）のなかで展開したという思想的背景がある。ちなみに、このルソーの思想は、日本の明治以降の良妻賢母教育にも大きな影響を与えている。

そして、フランス革命後に登場したナポレオン・ボナパルト（１７６９－１８２１）は「女性は子どもをつくるために男性に与えられた。果樹が庭師のものであるように、女性は男性の所有物である」とまで言い、１８０４年、19世紀を通じて女性が家庭に閉じ込められるもととなったナポレオン法典を体系化した。この法典は、世界初の近代的市民法典であるが、「妻は無能力」という前提のもとで夫への従属と貞操が義務とされ、「未成年者、既婚女性、罪人、精神病患者には法的権利がない」と定めた。女性は政治の場のみならず、公的な場からも閉め出され、家庭に閉じ込められた。

既婚女性がナポレオン法典によって奪われた法的権利を取り戻したのは１９３８年、20世紀になってからのこと。選挙権獲得は日本と同じく１９４５年で、インドネシアやトルコより遅かった。女性が夫の許可なく職業をもち、銀行口座を開くことができるようになったのは１９６５年と、わずか50年前のことである。

神やキリストより聖母マリア

だからといって、歴史を通じて、女性がまったく政治参加しなかったわけではない。女性は男性と同じ土俵にのぼることはできなかったが、確固たる、別の政治的役割があった。

そのモデルとなったのはキリストの母、聖母マリアである。

聖母マリアは決して優しいだけの女性ではない。フランス、イタリア、ポルトガル、ブラジルといったカトリック国では、時には20メートルほどもある巨大な聖母マリア像が教会や丘の上にそびえ立っているが、慈悲《じひ》に溢《あふ》れた存在であるだけではなく、国や街を守る威厳のある女神のイメージもある。

この聖母マリア信仰が広がったのは、男性が十字軍遠征に駆り出されてしまい、女性ばかりが残された11世紀から13世紀のことだ。欧州の中でも、とりわけフランスと北ヨーロッパで、マリアが出現したとされる場所への巡礼が始まった。おしなべて恐ろしい一神教の神に対してすべてを包み込む母性の象徴である聖母マリアは、信者の願いを神にとりなす仲介役、いわば弁護士のような存在であった。信者にとっては、神やキリストよりずっと身近な存在として崇《あが》められるようになったのである。

中世期の王妃は、この聖母マリアのイメージを引き継いだ。国民と王との間をとりなす役目を果たし、「王妃の愛なくしては、王はただの暴君」と言われるようになった。

ルネッサンス時代以降、王妃は芸術や文学を支えるパトロンとしても活躍した。カトリーヌ・ド・メディシス（1519-1589）をはじめとした、多くの場合、隣国から政略結婚で嫁《とつ》いできた王妃たちは、母国の芸術をフランスに取り入れ、文化に新風を吹き込んだ。「たかだか文化」と軽視はできない。今でも、フランスでは「文化は統治と外交手段のソフトパワー」と考えられており、文化大臣は重要なポストなのだ。

そして、16世紀、宗教戦争の只中、トリエント公会議（1545 - 1563）で、宗教改革に対するカトリック教会の姿勢が明確にされた。トリエント公会議では、聖母マリア像を偶像崇拝として否認するプロテスタントに対抗する戦略の一つとして、これまで「慈悲深い」イメージだった聖母に、カトリック軍を率いる「強い聖母」というイメージをプラスして普及することが定められた。「勝利の聖母教会」と名付けられた教会があちらこちらに建てられ、ギリシャ神話の勝利の女神ニケに似た堂々たるポーズの「勝利の聖母」をテーマにした絵画や彫刻が多く作られ、「強い女」にグレードアップされた聖母のイメージはカトリック国に広まった。バロック期を代表する画家ルーベンスは『聖母マリアの戴冠』で、神とイエスと精霊の三位一体によって、ギリシャ神話の中で「勝利」を象徴する月桂樹の冠を授けられる聖母マリアを描いている。

そして17世紀、女性は、公の政治の場には入れなかったものの、芸術や文化、政治に関して意見を戦わせる場、サロンで主人役を務めるようになる。プライベートな空間であるが発

『聖母マリアの戴冠』ルーベンス作。勝利を象徴する月桂樹の冠を授けられる聖母マリア。

言力は増し、政治を裏で動かすようにもなった。

もっとも有名なのはランブイエ公爵夫人（1588‐1665）のサロンだ。アンリ4世（在位1589‐1610）の宮廷に出入りしていたが、当時先進国だったルネッサンス円熟期のイタリアで生まれ育った彼女にとって、40年近く続いた宗教戦争で疲弊したフランス宮廷は相当ダサいものだったらしい。呆れた彼女は、自宅でサロンをひらき、みずから選りすぐった時代の先端をいく文学者や思想家を招き自由に発言させ、才能ある若者には経済的・精神的援助を惜しまなかった。

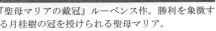

ルイ15世（在位1715－1774）の公妾だったポンパドゥール夫人（1721－1764）もサロン文化を代表する一人だ。当時危険人物とされ、後に王侯貴族の特権を廃止するフランス革命の思想的土台を作った啓蒙思想家、ヴォルテールやディドロを自宅のサロンに招き、自由に発言する場を与えた先見の明のある女性だ。禁書であった百科全書は彼女のサロンを通して広まり、フランス革命の思想的土壌を作った。

フェミニズムも流行らない

アメリカやイギリスといったアングロ・サクソン系の国や北欧に比べて、フランスのフェミニズム運動があまり盛り上がりを見せないことも、男女平等度がなかなか上昇しなかった理由の一つだ。

たとえばアメリカは過激だった。1960年代末、「女性の性は男性によって組織的に収奪されている」と考えるラディカル・フェミニズムが生まれた。なかには、「もう男はいらない。女だけの社会を！」という主張から、女性の同性愛を推進したラディカル・レズビアンというグループもあった。彼女たちは、クリトリスから得る快楽だけが本物であり、ヴァギナから得る快楽は偽《いつわ》りだと主張した。

また、スウェーデンのフェミニズム運動も徹底した平等を求めている。２００７年、マルメ市では男性は胸になにもつけていないという理由から、女性もモノキニで市民プールで泳ぐ権利を求める運動が起き、幾つかの自治体で討議された。２０１２年、セーデルマンランド地方郡議会では、ジェンダーフリーの観点から男女兼用のトイレを設置し、衛生的でないという理由から、男性に立ったまま用を足すことを禁止する法案が提案されたこともある。[*6]

いっぽうフランスのフェミニズムはかなり違う。

もちろん、19世紀後半から女性参政権運動はあったが、ハンガーストライキや自殺で抗議活動をしたイギリスなどと比べ、フランスのそれはおとなしいもので、男性を敵に回した熾《し》烈《れつ》な戦いではなかった。[*7]

また、数年前までパリの国際女性デー（3月8日）のデモなどは村祭り程度、ベビーカーを押した若いパパからユニクロのブラトップを着てブラスバンドを指揮するおじさんまでいて、半数とはいわないまでも、3分の1は男性という和気藹々《わきあいあい》としたものだった。「フェミニズム」という言葉から連想される〝勇ましさ〟がないのだ。

世界中を揺るがした２０１７年10月のハリウッド・セクハラ事件直後、10月29日にパリのレピュブリック広場で起きた「#MeToo」デモに集まったのも男女合わせて数百人。あっけないほど少なかった。

なぜなのだろうか。その理由を探るために、戦後フランスの代表的フェミニスト、シモーヌ・ド・ボーヴォワール（１９０８－１９８６）の生き方を見てみたい。

ボーヴォワールは、20歳のときにサルトル（１９０５－１９８０）と出会ってからは、お互いの関係を「必然的な関係」と定める協約を結ぶ一方、一時的な他の相手との恋愛も味わうことができるように同居せず、結婚もしなかった。

家事に時間をとられるより、ものを書く生活を優先するためにビストロで食事をし、掃除に時間をとられないようにホテル住まいという生活スタイルを選んだ。お互い別の愛人と暮らした時期もあり、紆余曲折があったにせよ、刺激的なパートナー関係は死ぬまで続いた。

ボーヴォワールは、自分の生き方を通して、女性が結婚や出産、子育てに限定されない人生を選択することもできることを証明した。それまでにも、経済的な理由で結婚をあきらめ同棲しているカップルもいたが、あえてライフスタイルとして事実婚や別居婚を選ぶ思想的基盤を築いた。

だから、ボーヴォワールは、『決算のとき』[*8]の中で、「フェミニストの中には、女性の人生の、特に性的な領域において、男性は何の役にも立たないと考える人もいれば、その反対に、男性と一緒に生き、ベッドをともにしたいとする人もいる。私は後者であって、女性だけのゲットーに閉じこもるという考えには嫌悪を催す」(拙訳)と言っている。

ボーヴォワールに代表されるこうしたフランス風フェミニズムは、男性を断罪したり排除したり、男女平等を徹頭徹尾追求するより、男も女もいる社会で、より良く

サルトルとボーヴォワール

共存するための可能性を探ることを目的としたムーブメントだった。

なぜそのようなムーブメントになったのだろう。

理由の一つに、他の国にはない「女性であることのメリット」、つまり「女でいるのもそんなに悪くない」と思わせる何かがあったからではないだろうか。いわば、「政治と企業の要職につく女性数をもとにした男女平等度」といったランキングや指標にはあらわれない何かが……。

あるいは、聖母マリア的な立場から、男性とは異なる、しかし確固たる役目を政治の中で果たしていたことが理由かもしれない。聖母マリアが崇められているカトリック国では激しいフェミニズムが少ないことを考えると、宗教的背景もあながち無関係だとは思えない。

しかし、フランスの男女平等度停滞にいちばん大きな影響を与えたのは、これから述べる、中世に生まれた女性上位の恋愛にあるのではないかと思うのだ。

2　そもそも「恋愛」＝「不倫」だった

ヤレない不倫関係

まず考えたいのは先ほど述べた、「女性であることのメリット」とはなんなのか、ということだ。そのために、中世中期にあたる12世紀に時計の針を戻し、南仏で生まれた恋愛の原型に触れてみたい。

12世紀、フランスは、蛮族の侵入による混乱に満ちた時代から脱出した直後だった。もしかすると、フランスの歴史のなかでももっとも平和な時代だったといえるかもしれない。いっぽう、キリスト教は、5世紀末にクローヴィスが洗礼を受けた時代から王や領主の保護に頼りながら社会の上層部、王侯貴族の間で広まったが、11世紀以降は、世俗の領主権力からの独立をはかっていた。

そうした背景のなかで、グレゴリウス一世は、教会権力の地位と役割を明確にするためにいわゆる「グレゴリウス改革」を行い、教会組織の整備、民衆生活の精神的規範と枠組みを定めた。その一環として、1181年、カトリック教会は、次の4点を条件とする結婚を秘蹟(神の恵み)の一つと定めた。まずは貴族から、そしてだんだん民衆に広まった。

①　一夫一婦制
②　男女二人で一つの身体と考え、一生どころか死後も伴侶とは別離できない
③　近親者どうしの結婚の禁止
④　当事者双方が同意すること

それまでの結婚は、土地や遺産の分散を避けるために親や共同体が決めることであった。メリットといえば、当事者の意思が形だけとはいえ、尊重されるようになったことかもしれない。

また、社会的弱者であった女性が、夫のきまぐれで離縁されないように保護されたこともメリットのひとつだろう。結婚は秘蹟＝神の恵みと定められることによって、男、女、そして神の三者による関係となったからだ。マタイ福音書の19章5節から6節には、「人は父母を離れ妻と結ばれ、二人の者は一体になるべきである。彼らはもはや二人ではなく一体である。神が合わせられた者を人は離してはならない」とある。したがって、ひとたび結婚してしまえばたとえどんなに嫌い合っていようが、断ち切ることができないもの、そして一生どころか死後も続くものになった。

しかし、一番の変化は、教会権力が、結婚を通して、「精神は肉体に勝り、肉欲は意思によって抑制すべき汚らわしいもの」という精神至上主義的なキリスト教のモラルを広めるようになったことである。コリント人への手紙7章8節から9節には、「未婚者とやもめに言うが、私のように一人でおれば、それがいちばんよい。しかし、自制することができないなら結婚するがよい。情の燃えるよりは、結婚する方がよいからだ」とある。はっきりいえば、結婚によって人間の性を管理するようになった。これは恐ろしいことである。

不思議なことに同時期、制度化された男女の関係性である「結婚」に相反するもうひとつの男女の関係として、「恋愛」の原型である騎士道恋愛が南仏で生まれた。

騎士道恋愛は、大領主と小領主、領主と騎士、領主と農民の間の主従関係という複雑なネットワークからなる封建制社会を背景としている。その登場人物となるのは、

① **主君**
② **主君の妻である貴婦人**
③ **主君に仕える騎士**

の3人である。そして騎士と、その主君の妻である貴婦人（多くは年上だったのではないだろうか）の間に恋愛が生まれる。だから必然的に恋愛＝不倫、結婚≠恋愛となる。

騎士は、自分には身分不相応な、高嶺《たかね》の花である貴婦人に賞賛をこめた詩を贈り、彼女の前では小さくなって青ざめ、彼女に永遠の忠信を誓う。12世紀、ポワチエの邸宅に滞在したセルカモンというトルバドゥール（吟遊詩人）が、「貴女と一緒に時を過ごすときの私は、おそれおののき」とうたったように、恋愛感情とはお友達感覚の延長ではなく、女性を愛で崇め、その前にひれ伏しておそれおののくものだった。*9

いっぽう主君のほうはといえば、嫉妬するなどというのは野暮の極み。余裕で見て見ぬフリをするのがあるべき姿だった。

貴婦人の側は、騎士が節度をわきまえた、マナーのある男であれば、ウィンクぐらいしてあげるかもしれない。そのあとは、

「そんなに言うなら二人だけで過ごす時間を作ってあげる」

「いい子にするって約束するなら手だけは触ってもいいわ」

「じゃあ、今晩、同じベッドで寝てもいいわ、でも触っちゃダメ」

と、段階的に、少しずつ自分に近づく許可を与える。当時、広大な領地を有していたアキテーヌ公ギヨーム9世（1071‐1127）の詩には次のようなものがある（拙訳）。

どうか、神様、私を長生きさせてください
彼女が、上着の下に手を忍ばせるのを許してくれるまで[*10]

愛を求めるのは男性（騎士）、どこまでOKか、許容範囲を定めるのは女性（貴婦人）というように、恋愛における決定権は女性にあり、今でもその傾向は残っている。

優雅さという点では、そのわずか1世紀前（1008年）、『源氏物語』の時代の日本にそっくりだ。平安時代、貴族の男性は、お目当ての女性に求愛の詩を贈る。暗くなるのを待って女性の家に行き、これまた暗いなかでセックスをし、夜明け前に帰る。そして、朝になる前に後朝《きぬぎぬ》の文《ふみ》という恋文を贈る。

それも、どのような美しい紙を選ぶか、どのようなお香を選ぶかに頭を悩ませて、最低2通贈る。女性に気に入ってもらうには、文才があり、女性の基準に沿ったセンスがなくてはいけない。女性目線を備えていなければならないという点では、フランスと非常に似ている。

しかし、決定的に違うところもある。平安時代の日本ではまずセックスしてみてから交際が始まるのに対して、西欧では結婚という制度に従わないとセックスできなかった点だ。だから恋愛はセックスなし、せいぜいペッティング止まりのプラトニッククラブだった。『源氏物語』のように、目をつけた女性に仕える女房をてなずけ、部屋のなかに押し入って無理強いというわけにはいかない。自分の義母である藤壺と寝てしまったり、まだ子どもだった紫の上を犯したりするほど、性的タブーがなかった平安時代とは大きく違う。

だから、騎士はヤレない。決して満たされることのない欲望に悶々としながら、それでもどうにかお目当ての貴婦人から目をかけてもらうための唯一の道、詩を書き送り、自己昇華のために武道に励む。そして、もしかしたらご褒美として、決して手を触れないという約束で同じベッドのなかで眠らせてもらえるかもしれない、あるいは上半身だけは……というのが、この騎士道恋愛のなかでいちばんエロティックなシーンだ。

注目したいのは、完全に男尊女卑の社会であったにもかかわらず、恋愛の場というプライベートライフでは女性の立場が圧倒的に強かった、ということである。

そして、女性は単なる「子どもを産むための機械」などではなく、誠意のこもった愛情を捧げる相手であるという恋愛関係の原型ができあがり、[*11] セックスはしない、でも言葉や視線を通じて官能の歓びを得る文化ができあがった。フランス男というと「リップサービスが巧み」だというイメージがある。しかし、これは簡単にセックスできないからこそ、言葉を尽くして愛情を表現するテクニック、言ってみれば「言葉によるペッティング」が洗練されたのではないかと、私は想像する。

このような恋愛スタイルは、まず、南仏の宮廷から宮廷を旅する吟遊詩人、トルバドゥールたちによる「詩」に歌われ、それがヨーロッパ中に広まった。物語として有名なものは、クレティアン・ド・トロワ（１１３０頃‐１１９０頃）が、ケルト族のアーサー王物語にインスピレーションを得て書いたといわれている『イヴァン、または獅子の騎士』『ランスロ、または荷車の騎士』といった騎士道恋愛物語だ。のちにはシェークスピアの『ロメオとジュリエット』、ワーグナーのオペラ『トリスタンとイゾルデ』、今では映画『トワイライト』というように、許されない恋の物語は今日まで定番だ。

教会の教えでは「女性＝誘惑＝悪」とされ、社会的には女性など遺産相続の一駒でしかなかった時代である。なぜ、このような女性上位の恋愛スタイルが生まれたのだろうか？

いくつかの説がある。

当時は遺産を分散させないために、長男が全財産を相続して結婚する時代だったから、良家の次男や三男である騎士は女旱《ひで》り（男が恋愛や結婚などの相手を求めにくいこと）となった。その彼らが性欲をコントロールするのを学ぶための性教育として生まれたとする説。

あるいは、教会が秘蹟（神の恵み）として規範とした結婚が、キリスト教信者の子孫を増やすことが目的の〝妊活〟のためだけのものだったことへの貴族たちの反旗として生まれたとする説。

実際には、約半数の男性は集団レイプに参加していたと推定されるほど女性蔑視もはなはだしい社会だったから、[*12]それに対抗する文学的創造だったとする説。

また、８世紀から13世紀まで隣国スペインを統治した、当時の文化的先進国、後期ウマイヤ朝で栄えたエロティック文学の影響ともいわれている。

恋愛のルール

12世紀末、このような騎士道恋愛物語を多く書いたクレティアン・ド・トロワ（前述）が仕えたのは、当時、大きな権力をもっていたシャンパーニュ伯の妻、マリー・ド・シャンパーニュ（1145-1198）の宮廷だった。彼女は貴族たちを集めて、恋愛について話し合う「恋愛判定会」を主催し、実際の恋愛における礼節や、恋人同士の諍《いさか》いの解決策について話し合う場を作った。こうして恋愛におけるルールが練られていった。1186年、マリー・ド・シャンパーニュの要請で、アンドレ・ル・シャプランという宮廷付司祭が、その明確化された恋愛ルールを『恋愛の作法』[*13]という一冊にまとめ、刊行している。また騎士道恋愛の分析として貴重な著書に、ルネ・ネリによる『トゥルバドゥールのエロス』[*14]があるが、この2冊を元にそのルールをいくつか挙げてみよう。

- 既婚男性は別の女性に言い寄ってはならない（妻は不倫してもよいが夫はダメ）
- 夫は自分の妻が別の男性から愛でられ言い寄られることを邪魔してはならない（夫の嫉妬は見苦しい）
- 既婚女性は複数の愛人をもってはならない（一人ならOK）
- 騎士は高貴な既婚女性に捧げる恋愛感情を、戦で手柄をたてることによって昇華していかなければならない（お褒めの言葉をもらえるように、仕事もしっかり頑張ること）

・恋愛は秘密にしなければならない（不倫しても口外するな。そしてバレないように）

これでは、どうみても女性のほうが楽しそうである。しかし、13世紀になると、不倫を礼賛した騎士道恋愛はフランス文学のなかから消滅してしまう。200年という長期にわたって十字軍遠征を組織したことで、結婚を重視し、セックスに対して禁欲的、おまけに女性蔑視的なキリスト教の権威が高まったからだ。パリ大司教エチエンヌ・タンピエは、『恋愛の作法』を禁書にし、以後、女性の立場が強かった騎士道恋愛は廃《すた》れていく。

それでも、後の時代に騎士道恋愛が与えた影響は大きい。たとえば、19世紀、大革命後のフランスを治めたナポレオンだ。

女性に法的権利を与えない民法を制定した張本人であり、「女性は子どもを産む機械にすぎず、議論に長けるよりは裁縫でもしていればよい」とまで言ったナポレオンだが、私生活では、妻ジョゼフィンにメロメロ。下手《したて》に出る情熱的な手紙をたくさん残している。ニースから「ジェルミナル（フランス革命暦7番目の月）10日」と日付のついた手紙[*15]などは、

君のことを考えないで暮らした日はない。一晩だって、君を抱きしめずに眠った日はな

い。（中略）作戦会議の間も、軍の先頭にたって戦っているとき、陣営を走り回っているときも、ジョゼフィン、僕の心のなかにいるのはそして、僕の精神を支配するのは君だけだ。（中略。前回の手紙でジョゼフィンが敬語を使ったことに対して憤りながら）僕は悲しくてたまらない。僕の心は君の奴隷のようになってしまっている。

と、将軍としてあるまじき有様をさらけ出している（拙訳）。

このように公の場では女性を差別するが、プライベートな場ではあくまで女性の下に立ち、愛によって崇めるという男女関係の図式は、12世紀から始まり、ナポレオン統治下の19世紀も然り、そして、今でもわずかであれ残っている。

「ばかばかしい、そんな昔話、みんなが読むわけではないし」「王侯貴族というごく少数の人々の話でしょ」と言う若いフランス人もいるかもしれない。

でも、外国人である私には、騎士道恋愛の物語は、フランス人の心に根付いているように思えるのだ。中学校の国語プログラムに必ず入っているし、日本の昔の子どもたちがチャンバラをしていたように、こちらの子どもたちは騎士ごっこをするし（たとえ携帯ゲーム上であっても）。

崇められることは、女性にとってこよなく気持ちよいことである。

その気持ちよさがあるがゆえ、フランスの女性たちは、男女平等を勝ち得るための戦いに本気で挑まなかった。「あのボスは差別的なヤツだけど、たまにチヤホヤしてくれるから見逃しておこう」という発想からか、格差に目くじら立てるより、男たちと一緒に生活したり仕事ができる、色気のある社会を求めるようになったのである。

3　セクハラのない国

職場恋愛を法律で保障する国

私の友人ロジーは、ニューヨークで1年間暮らし、つい最近、帰国したばかりだ。

「どうだった？　向こうで彼みつかった？」と聞いたところ、彼女は言った。

「ぜーんぜん。ニューヨークは大好きだけれど、パリみたいにあっちこっちでナンパするような街じゃないのよ。男が熱い視線を送ってきたり、背中ごしに声をかけてきたり、キャフェでウェイターが『あちらのお客様からです』などと言って知らない男からのラブレターを届けてくれるなんてとんでもない。そういうことはしちゃいけないのよ、アメリカでは」

「じゃ、何か張り合いないね」

「そういう点ではね。ほら、パリでは、たとえ近くのスーパーであってもジョギング姿で行くなんてあり得ないじゃない。『もしかしたら、誰かいい男に会うかも！』って、やっぱり期待しちゃう部分あるでしょ」

日本では他人をジーっと見つめることは失礼にあたる。アメリカでも、ネットフリックスという動画配信企業が「誰かを5秒以上見つめるのは禁止」というルールを撮影現場で導入したことがニュースとなった。

だが、フランス、とくにパリの街中では、男女の視線がビビっと交差することが多い。そこから、微笑み合ったり、一言交わしたり、男女の出会いにつながる機会もある。だから、友人ロジーの言う「もしかしたら」という思いを無意識のうちに抱いている人も少なくないはずだ。

これはフランスのみならずラテン系の国の特徴であるかもしれない（フランスは民族的にはゲルマン民族系の血が濃厚だが、文化的には古代ローマ帝国の文化が根付いたラテン系）。ナポリやローマを女一人で歩くと、口笛は飛んでくるし、男性（小学生から杖をついたおじいちゃんまで）の視線が背中に張り付くような感じがする。中南米にも「Piropos」という、男性が通りすがりの女性を口説くためのあいさつ代わりのキメ台詞がある。たとえば、バスの運転手が、「君みたいなきれいな娘が乗ってくるとブレーキがこわれちゃう！」といったセクハラ発言をするなど日常茶飯事である。

だから、ロジーのようにラテン系の国で暮らす女性が、北欧やアメリカといった男女平等が行き届いている国に行くと、戸惑ってしまうことがあるのだ。女性が静かに暮らすことができるのはたしかにいいことだが、セクハラと断罪されかねない一言、誤解を招くような一言は口に出さないのが常識だから、誰も声をかけてくれない。

フランスの女性は、男性の視線を真っ向から感じるかどうかで「今日のこの格好はマズかった」とか「この髪型はけっこう似合うのかな」と自己認識する。しかし、ポリティカルコレクトネス、セクシャルコレクトネスが行き届いている国に行くと、突然、足場を失ったかのような感覚に陥ることがあるのだ。

では仕事の場はどうだろう?

フランスでは、仕事の場でさえエロスの匂いは濃厚である。

同僚同士で、相手の服装のセンスやセックスアピールをホメるのはよくあることだし、そこから恋心が芽生えるのか、3分の1の人々が仕事場での恋愛経験をもつ。半数以上の人が「仕事場で恋愛すると効率が上がる」と言い、また、真偽のほどは不明であるが、伸びる企業ほど恋人関係にある従業員が多いと語る経営コンサルタントもいる。*16

ところが、アングロ・サクソン系の国では、企業が「愛情を身体、筆記、言葉で表現しないこと」という条項を雇用契約に盛り込むことができる。実際オーストラリアでは、多くの企業が雇用契約のなかに、同僚間での恋愛禁止を約束する条項が盛り込まれるようになっているという記事を読んだ。恋愛のいざこざが職場にもちこまれ、雰囲気を乱すことを避けるためで、それに反すると解雇処分もあるそうだ。[*17]

ところでフランスでは民法9条によって個人のプライバシーが保障されていて、そもそも雇用者は従業員の私生活に口を出すことはできない。労働者を差別から擁護することを趣旨とした1982年のオルー法によって、

カップル生活は会社の介入するところではない

と定められている。また、労働法の1132-1条によって、雇用者は、たとえそれが職場で口論や諍《いさか》いを避けるためだとしても、雇用契約の中に、仕事場での恋愛関係を禁止する条項を付加できないことにもなっている。労働者の職場での恋愛は、法律で保障されているのである。

女子会をする人がいない

日常生活のなかで、「今日、もしかしたらいい出会いがあるかも」と思ってしまうその背景には、フランスは男女が共存できるスペースが多いということがある。

たとえば、イスラム教徒が多いマグレブ諸国でキャフェに入ると、そこはもう男だけの世界で、思わず後ずさりしたことがある。日本ではそこまでいかないが、いわゆる「女子会」は一般的だし、おじさんだけが居酒屋でもりあがっている光景も珍しくない。それはそれで、たしかに楽しいものだ。

しかし、パリでキャフェやレストランに入ると、男だけ、女だけで固まっているグループは圧倒的に少ないのだ。数人の男女連れのテーブル、あるいはカップルのテーブルがほとんどなのである。もちろん、南仏、マルセイユなどに行くと、男だけでビールを飲みながら騒いでいるテーブルもあるにはあるが、それは、男性社会と女性社会が明確に分離しているイスラム世界が地中海を隔てた向こう側に広がっていることの影響だろう。男女が共存するスペースが多いフランス的な光景とはいえないように思う。

フランスの社会で、公的な場で男女が共存するようになったのは16世紀のことだ。イタリア遠征から帰国したフランス王フランソワ１世（在位１５１５－１５４７）は、当時の文化的先進国だったイタリアのルネッサンス文化にならい、それまで男だけのホモソーシャルな場であったフランスの宮廷に女性を多く受け入れることにした。

フランスが、神聖ローマ帝国と並ぶヨーロッパの大国に成長しつつある時期でもあった。王は、一国の威厳を高めるためには、宮廷でのエチケットや礼節、テーブルマナーといったものを整えることが必要不可欠だとし、そのためには、宮廷に女性を導入することが必要だと賢察した。モテ男として有名だった彼は、まだ中世期をひきずり粗野な臣下たちに女性との付き合い方を教え、その一環として、男性が女性を誘いカップルになって踊る宮廷ダンスをイタリアから導入した。これによって、宮廷に女性目線、女性の感受性が取り入れられた。

このような男女共存の社会のありかたは、18世紀に完成したテーブルマナーにもあらわれている。人の家に招かれたときもレストランでも、夫婦は引き離され、それぞれ別のパートナーに付き添われてテーブルにつく。席順はなるべく男女交互になるように図られる。食事の間だけ夫婦を交換するようなもので、自分の妻や夫が、テーブルの向こうで別の異性と仲良く話しているのを尻目に食事をする。嫉妬心がかきたてられることも、ライバル心が刺激されることもあるかもしれないが、同時に、マンネリ化した日常から離れて、相手を性的な存在として新たな目で見直す機会でもある。「あなた、昨晩のディナーでA夫人と仲良く話していたけど、なんかあるの?」などと、後でヒステリーを起こすのは無粋というもの。男女が共存するエロスの香りが濃厚な社会で生きたいならば、三角関係や不倫の匂いも、少々は我慢せねばならない。

ガラントリー

ガラントリーとは、こんな男女共存社会で、中世の騎士道恋愛が形骸化し女性を敬うマナーとして残ったものを指す。

現在、フランスの代表的な辞書はどのように定義しているのだろうか。『ル・プチ・ロベール』(Le Petit Robert)では、

① 女性に接する際の気品、才気と物腰が洗練された様子
② 女性を陥落させようとする熱意

とあり、別の辞書『ル・グラン・ラルース』(Le Grand Larousse Illustré)では、

①　女性を持ち上げる礼儀
②　女性に対するお世辞や賞賛の言葉

と定義されている。

簡単にいえば、レディファースト。コートを着るのを手伝う、ドアを開けて押さえてあげる、一緒に歩くときは女性の後ろを一歩下がって、といった女性に対する一連の礼儀や思い遣《や》りを意味するが、その裏にはほんのりと「あなたのこと、気に入っていますよ」という男性側のセックスアピールの匂いもする。それから派生して今では、「その服、あなたに似合うね」など、女性の魅力を讃《たた》える言葉をかけることも含まれる。

17世紀、ルイ14世は、ガラントリーを宮中でのプロトコル（儀礼）として定め、[*18]それがヨーロッパ中の宮廷に広がった。同時に、若い貴族がガラントリーを巧みに操って高貴な女性に気に入られ、後ろ盾になってもらうことで出世の道を切り開くシステムもできあがった。

今もガラントリーは健在だが、中にはもちろんこういう習慣にカチンとくる女性もいる。「ドアなんて自分で開けるわ」「着こなしがうまいとかいちいち言わないで、セクハラよ」と

高貴な女性に跪きラブレターを渡す男性を描いた絵画『愛の告白』ジャン＝フランソワ・ド・トロワ作

いう具合だ。

わからないわけではない。ガラントリーは、当時の女性の社会的立場が低かったからこそ、その代償として女性を大切にするというようなもの。いわば、ゴルフのハンディキャップのようなものだったからだ。私も、最初は、フランス男たちのそういう態度を「私だけにしてくれるならまだしも、女なら誰にでも機械的にしているんだから、メルシーなんて言うに及ばない」と構えていたが、実際はそういうものでもないらしい。

男性たちに聞いてみたら、「うーん？でも、そんなに機械的にやってるわけじゃないよ。ただの礼儀とはちょっと違うな。もうちょっと微妙だよ。好意がなかったらしないし」と言う人が多い。

日本に帰ると、知人たちに「フランス人の男性って優しいんでしょ?」と言われるが、これは「優しさ」とは別のものだと思う。かといって単なるマナーでもない。それよりは、ギスギスした社会を生き抜くための潤滑油、男女格差に満ちた日常生活をエロス化する遊び、あるいは、社会で女性が受ける不平等をチャラにする知恵といったところだろうか。

2013年、ヨーロッパでいちばん流行っている出会い系サイト「ミーティック」が発表した独身者の恋愛観に関する統計に、ガラントリーについてのものがあった。[*19]

女性の側は、97パーセントのスペイン人、98パーセントのフランス人、79パーセントのノルウェー人と71パーセントのドイツ人がガラントリーを受けると嬉しいと答えている。そして、男性側は、97パーセントのスペイン人、91パーセントのフランス人がガラントリーをするのが楽しみだと答えている。いっぽうでノルウェーとドイツでは、それぞれ42パーセント、22パーセントの男性が「ただ面倒」と答えている。

男女格差が大きいラテン系の国の人々ほど、日常の男女関係の「エロス化」を楽しんでいるらしい。ということは、平等で、かつエロスの香りのする社会の実現は難しいのだろうか?

政治とセックスアピール

このように女性に敬意をはらう術《すべ》に長けていること、恋愛の機微に通じていることは、フランスの政治家にとっては能力の証につながる。生まれや育ちの良さ、教養の深さを表すことと、他人と差をつける大きな要素になるのだ。

最近の政治家でガラントリーを大いに利用したのは、まず、39歳とフランス史上もっとも若くして最高権力者となったマクロン大統領だろう。妻ブリジットさんは24歳年上、大統領が15歳だったとき、演劇部の顧問だった文学教師。大統領は、当時3人の子持ちで既婚者だった彼女と13年間にわたる不倫を貫き、結婚した。夫婦はいつも一緒に手をつないでカメラの前に現れ、大統領はまちがっても「うちのオバサン」などといった素振りは見せず、ことあるごとに妻を立て、手にキスしたり、腰に腕を回したりとスキンシップを忘れない。年上の既婚女性と恋愛する、中世以来恋愛の王道とされた「物語」は、大統領の「テクノクラート（技術官僚）」「元銀行家」といった取りつく島もないイメージに、酸いも甘いも噛み分けたオトナの男という人間的厚みを与え、人気上昇に大いに貢献した。

シラク元大統領（在任1995-2007）もまたガラントリーを外交に利用したことで知ら

れている。

それは、2003年3月に開戦したイラク戦争にフランスが不参加を表明し、米仏関係が悪化していたときのことだ。アメリカが18年ぶりにユネスコに再加盟することになり、シラク氏は、その記念式典に参列するためにパリを訪れたローラ・ブッシュ元アメリカ大統領夫人を迎えた。そして、報道陣を前に大統領夫人にベーズマン(注)をし、歓迎ぶりを強調した。

「ニューヨーク・タイムズ」紙は、ブッシュ夫人の困惑した表情の写真を掲載し、「ベーズマンして、仲直り?」と皮肉った見出しとともに報道した。ブッシュ元大統領とは冷戦状態でも、夫人は歓迎することをアピールして、ギスギスした敵対関係を緩和する意図があったのではないだろうか。

ブッシュ大統領夫人にベーズマンで歓待するシラク大統領

ベーズマン　女性の手にキスをすること。古代ギリシャにさかのぼる敬意の念を表明する仕草で、中世期は騎士が主君に対して行なった。19世紀から女性の手にキスをすることを指すようになるが、対象は既婚女性のみ。そのほか、屋外ではしてはいけない、唇がベッタリ手についてはいけない、ほんの軽く息がかかるだけなど、細かい作法がある。

政治家が恋愛小説を書く⁉

驚くべきことにフランスでは、恋愛小説を書く政治家も少なくない。

ジスカール・デスタン元大統領（在任1974-1981）は恋愛小説を2冊も出版している。1冊は『ル・パッサージュ[20]』。公証人とヒッチハイクする金髪女性のアバンチュールストーリーである。「ル・モンド」紙上で「特徴といえば、独創性がとことん欠如していること」と酷評されたが、それにも屈せず、2009年にはダイアナ妃との出会いを題材にしたといわれている『プリンセスと大統領[21]』を出版しており、同書ではプリンセスと大統領のランブイエ城での初夜に加え、女性医師との濃厚なベッドシーンも書き込んでいる。

現経済相ブリュノ・ル・メール氏も恋愛小説を出版しているが、こちらは私小説的な『大臣[22]』という書名のものだ。同書には、

浴槽の熱い湯が私の身体を弛緩させ、ラグーンの光が鏡に反射する。ポーリーンは緑茶の香りのする石けんで私を愛撫する……

と、実際に妻とヴェネチアに旅行したときの一晩の様子が書かれている。

フランス男は国連でも、おとなしくはしていない。２０１４年、フランス国連大使ジェラール・アロー氏は、安全保障理事会の会議中に、アメリカ合衆国国連大使だったサマンサ・パワー氏（元ハーヴァード大学教授、ピューリッツァー賞受賞者）に「フランス政府代表部より、あなたはとっても美しい」というＳＭＳを送りつけたそうだ。

このような行為は日本ではどう受け取られるだろうか。セクハラとして確実にバッシングされるのではないだろうか。

実際、アメリカでは大騒ぎで、ニュースウェブサイト「Vox」上で、ジャーナリストのアマンダ・トーブ氏は、「外交は男の世界で、女が入ると、こういう不愉快なガラントリーを受ける」[*23]と分析しているが、フランス男であるアロー氏はどこ吹く風。

「僕はフランス人だから、ポリティカルコレクトネスとは無縁でいられる」[*24]とコメントし、左遷されるどころか、現在は駐米フランス大使に昇進。フランス女性ならば「今日はホメられていい日だったなあ！」で終わることが、アメリカ女性だと「不愉快」に変わってしまうところが対照的だ。なにをセクハラと思うかは、人にもよるが、文化にもよる。そして後者の影響のほうが大きい。

会議中に「あなたは美しい」という
SMSが届いたサマンサ・パワー氏

アメリカ生まれの「セクハラ」の定義

「セクシャル・ハラスメント」という概念はアメリカで生まれたものである。では、一体どのような経緯で生まれたのだろうか。そのコンテクストを見ていこう。

１９５０年代後半から60年代前半にかけて、有色人種が人種差別の解消を求めて戦った公民権運動の中で、ウィメンズ・リブ運動（日本のウーマン・リブの元祖）は、いわば「ブラックパワーの随伴物」[*25]として生まれた。その結果、１９６４年、ケネディ政権下で公民権法が制定され、雇用における人種、宗教、国籍、性別による差別が禁じられるようになった。

その後、ウィメンズ・リブ運動は、人種差別運動とは独立した主張をする性差別反対の方向に発展した。１９６０年代末、前述したラディカル・フェミニストのうち、「ペニスは支配の道具である」と言ったとされる作家アンドレア・ドウォーキンや、弁護士でミシガン大学法学部教授キャサリン・マッキノンといった人々が中心になって、「セクハラは女性に性的損害を与える性差別」として法規制を求める運動を行った。

その結果、女性をチラっと見ることからちょっとした言葉の綾まで、「女性が抑圧的と感じる言動」はセクハラとしてみなされ、「だから男性の性は法律で規制すべきだ」という概念にまで発展した。職場セクハラは、女性が職場で活躍するのを妨げる性差別とみなされるようになった。マッキノンはセクハラのバイブルとも言える『セクシャル・ハラスメント・オブ・ワーキング・ウィメン』を1979年に出版した。

1980年代、彼女たちは、共和党と深くつながって、本、映画、新聞を対象とした反ポルノグラフィー公民権条例の制定を、ミネソタ州ミネアポリス市議会に働きかけた。これは、女性が蔑視されていると感じる表現はすべて禁止できるというもので、『源氏物語』から『チャタレイ夫人の恋人』まであらゆる文学作品が禁書になる可能性があった（結果的には、市長が拒否権を行使したために、条例は可決されなかった）。

日本で「セクシャル・ハラスメント」が新語・流行語大賞（新語部門）を受けたのは1989年だったが、フランスでセクハラが軽罪として認められたのはさらに遅く、1992年のことだ。それも当時は、上司が職場で部下に自分の権限を利用して行う対価型セクハラのみが対象だった。当時の女性権利大臣ヴェロニック・ネイルス氏は、「同僚に性的な嫌がらせを受けた場合は?」というジャーナリストの質問に対して、「そういうのは自分で張り倒せばいいんじゃない?」と答えている。要は、その程度の認識だったのである。当時は、「法律で拘束されるような、味もそっけもない、干からびた男女関係なんてイヤ」、そういう思いのほうが「女性の尊厳」云々よりも強かったのかもしれない。

いずれにせよ、アメリカから輸入されたこの「セクシャル・ハラスメント」という概念は、90年代のフランスでは「借り物」の域を出ず、どちらかというと女性の側から総スカンを食ったように思えた。

文化的違いもあるだろう。アメリカは、キリスト教のうちでも質素、清潔、潔白をモットーとするプロテスタントのなかでも厳格なセクト、ピューリタン(注)のピルグリム・ファーザーズが上陸し、建国された国だ。そのうえ、トランプ大統領を支持した「オルタナ右翼」のような白人男性至上主義で女性蔑視的な運動が生まれる土壌もあり、「セクハラ」を声高に訴えるべき必然性があったのかもしれない。

ストロスカーン事件

ところで〝元祖セクハラの国〟アメリカでフランス人男性が問題を引き起こしたことがあ

る。元国際通貨基金（IMF）のトップで、2012年大統領選挙の社会党有力候補だったドミニック・ストロスカーン氏が、2011年5月15日、ニューヨークのホテルで女性客室係に対する性的暴行・強姦未遂の疑いで逮捕された事件だ。アメリカで行われた刑事裁判中、同氏は一環して「同意の上での性的接触であった」と主張したが、女性側は民事裁判に提訴、150万ドルの和解金を支払うことで決着がついた。

密室のなかで何が起きたか、その真相は二人にしかわからない。しかし、この事件で興味深いのは、二国間での性意識の違いが浮き彫りになったことだ。

「ニューヨーク・タイムズ」のウェブサイトのフォーラムでは、「フランス人女性は男性権力者の性的不品行に対して寛容すぎる」という意見が飛び交った。[*26] また、2011年7月24日付けの「ニューズウィーク」誌では、ファッション誌「ヴォーグ」元編集長のジョーン・

ピューリタン　清教主義者。16世紀から17世紀にかけて、当時、腐敗していたイギリス国教会に対する宗教改革を起こし、教会機構をより純粋にしようと試みたプロテスタント、カルヴァン派の一派。聖書に基づく禁欲的生活を教条とした。イギリスで迫害されたため、一部はメイフラワー号でアメリカへ渡り植民地開拓の基礎を築いた。それに由来して、ピューリタニズムはプロテスタントの禁欲・性的潔癖主義を指す。

ジュリエット・バックが、フランス社会がいかに性的に放埓《ほうらつ》、かつ男性優位社会であり、女性側もそれを許容しているかについて次のように記述している。[*27]

フランスは、若い女性がいともやすやすと男性を手玉にとる社会である。女性ジャーナリストは単に「おもしろいから」という理由で政治家と平気で性関係をもって情報源を得て、その挙句、「なんでいけないの?」と言い放つ。彼女たちは、言い寄る男性が気に入らなければ、ジョークで軽くかわし、あるいは、ピシャリと拒絶するテクニックを持っている。

いっぽう、ストロスカーン氏の事件は、フランス人にセクハラを意識させるきっかけになった。「あのときのあの人の態度は、セクハラだったんだ!」——と、今まで口を噤んでいた被害者女性たちが発言し始め、フェミニスト団体の抗議デモが相次いだ。性暴力被害者相談室への電話は通常より30パーセント多くなったという。

事件後には、「ル・ヌーヴェル・オプセルヴァタール」誌が「フランスのマッチョ」という特集を組んだ。そのなかで、「フランスでは、仕事の場でも誘惑し、誘惑されるといった恋愛ゲームが許容されているが、こういう習慣は危険ではないだろうか？」という質問があった。ナタリー・コシュースコ＝モリゼ元環境大臣（2017年大統領選右派予備選に唯一の女性として出馬）の答えがいい。

「性犯罪は厳しく取り締まるべきだと思う。でも、男女関係がアメリカ流のピューリタニズムで干からびてしまうのは勘弁してほしい。男女がお互いを尊重しながら、時にはユーモアを交えて危険な会話を楽しむ余裕がある社会のほうがいいと思う」[*28]

これは当時の多くのフランス人の、「私たちはアメリカとは違って恋愛の歴史がある国」という、ちょっと優越感の混じった心境を代弁していたと思う。

この事件はフランス社会に大きな影響を与え、翌年の2012年、刑法で明確に環境型セクハラが定義され、労働法にもセクハラの概念が導入された（日本では1989年に初のセクハラ民事裁判が起き、1997年に男女雇用機会均等法が改正された。それによって、セクハラに関する規定が整備された）。そして、2016年、政府は遅ればせながら、「セクハラと交通機関の中での性的暴力に対するキャンペーン」を打ち出し、国民にセクハラの概念を周知させるよう試みた。2018年2月、ようやく公共交通機関の中に、「セクハラにあった場合は3117番」と表記されるポスターが貼られるようになった。

「ミニスカートでも、誘ってるわけじゃないの」というコピーの、パリのセクハラ防止キャンペーンポスター（2016年）

現在、フランスでは職場でのセクハラは性的暴力とみなされ、刑法と労働法で裁かれ、軽罪として2年から3年の禁固刑、3万から4万5000ユーロの罰金に相当する。被害者がセクハラを理由に不当に解雇された場合や、会社側が被害者を安全な環境で労働させなかった場合は、労働裁判所に訴えて損害賠償を求めることができるが、その金額は微々たるもの。未だに、会社側の責任は過小評価されている。

フランスと違ってアメリカでは、社内でのセクハラは能率を落とす行為、会社の業績を落とす行為だと考えられている。また、その損害賠償は非常に高額であるため、自ずと会社側はセクハラを防ぐための研修に力を入れるようになっている。[*29]

「君のお尻かわいいね！」もセクハラにならず

しかし、実態はどうなのだろう？

大手の某日仏合弁会社に勤めている友人に聞いたところ、
「セクハラガイドライン？（日仏合弁会社なので）日本側にはあるけど、フランス側はどうなんだろう？　正直言って知らない。ガイドラインがあったとしてもフランス人はそんなもの聞かないよ」
と言う。

2018年2月28日に発表されたIFOP（フランス世論研究所）統計によると、フランスにおいて、32パーセントの女性が職場でのセクハラを経験している[*30]（貧困地域では46パーセント。大都市では34パーセント）。セクハラガイドラインを定めるだけではなく、社員がセクハラについて相談できる窓口を設置するといったケアをしている企業はわずか14パーセント。[*31]被害者は労働組合しか頼れないというのが実情だ。

「ル・フィガロ」紙では、高学歴女性たちのセクハラ被害について特集し、次のような実例を紹介している。[*32]

①　ヴィルジニー（34歳・パリのコンサルタント）**の場合**

法学修士号をとった後、弁護士事務所にて研修。同事務所に勤務する弁護士のDは、一

人で夜まで仕事をしていたヴィルジニーに後ろから近づき、下着の中に手を入れ身体を触り、無理やりディープキスをした。ヴィルジニーは警察に訴えるが、証拠不十分で不起訴となった。

② セルマ（30歳・医師）の場合

インターンの際の当直で、40歳くらいの産婦人科医と組むことになった。「隣に来て座って脚を開け、股を俺の腿《もも》に押し付けろ。そういうのが俺は好きなんだ」と言われた。でも、「医学部ではこんなことは普通でシゴキの一部。いちいち騒がないで早く仕事を学ばないと、みんなから煙たがられる」とセルマは言う。

また、「ル・モンド」紙は「工場労働者のセクハラ――解雇される恐怖」という記事で、労働者階級でのセクハラ被害を取り上げている。*33

① マリー（30歳・スーパーの荷役係）の場合

10年間にわたって上司からセクハラを受け続けた。最初は通りすがりにお尻を叩かれた。

次は、みんなの前で、お尻を叩かれ、笑われた。「研修を受けさせてあげるから」と言って、部屋の角に追い込まれ、身体を触られた。でも、他の職場を知らないのでこんなものかと思っていた。レイプされそうになったこともあり、以来、抗うつ剤を飲んでいる。自殺未遂も2回経験。ある日、さすがに我慢できなくなり、労働組合に訴え出て、上司は会社の懲罰委員会にかけられた。しかし、管理職たちからは「汚い手を使った」と陰口をたたかれている。

② マドレーヌ（広告配布会社勤務）の場合

年金を補うために働いている。上司からはじめは頬にキスをされた。それから口にディープキス、お尻をつねられるようにもなった。お皿を洗っていると、後ろから後背位の真似をされ、同僚は爆笑。うつ病にかかる。労働組合員の勧めで警察に届け出るも、組合員は所長からにらまれ、解雇をほのめかされた。

そして、今なお「セクハラとは何か」をわかっていない人が多いのが現状だ。

政府の人権擁護機関が実施した「２０１４年職場でのセクハラに関する調査」によると、

フランス人の75パーセントが、「セクハラ」「ちょっとエッチな冗談」「ナンパ」「真剣なアプローチ」の区別がついていないという。[*34]

フランス語特有の単語のニュアンスも影響しているのかもしれない。たとえば「誘惑する」という動詞は、英語では「seduce」であるが、「だます」という否定的な意味合いを含んでいる。いっぽうフランス語の「séduire」には、「惹きつける」という、どちらかというとポジティブなニュアンスがあり、たとえば「マクロン大統領の新しい経済政策は若い企業家たちを惹きつけた」という意味で用いられる。「誘惑」することへの罪悪感は薄くなるのではないだろうか。

こうしたニュアンスの違いは、当然、行動や理解度にも影響を与える。

２０１７年10月なかば、ハリウッド・セクハラ事件を受けて、テレビ局フランス２《ドゥ》は、『職場セクハラ・みんなの問題（Harcèlement sexuel au travail:l'affaire de tous）』（アンドレア・ローラン＝ガストン監督）というドキュメンタリーを放映した。[*35]

そのドキュメンタリーの中に、セクハラに関するクイズのシーンがある。50人ほどの老若男女に「職場での女性に対する暴力防止の会」（ＡＶＦＤ）の会長で、弁護士のマリリン・バルデック氏がクイズを出し、Oui《はい》かNon《いいえ》で答えるというものだ。

Q1「朝、職場に現れた女性の同僚に、口笛を吹いて、『君のお尻かわいいね！』と言うのはセクハラになりますか？」

日本人の感覚なら、これは、いくらなんでもセクハラだろう……。

ところが、このドキュメンタリーでの回答は、

はい　48パーセント
いいえ　52パーセント

そして、バルデック弁護士による解説は、「毎朝しつこく言うのはセクハラになりますが、1回言うだけならＯＫ！」というものだった。

Q2「ランチの際、テーブルの下で、上司が部下の女性の足に触れるのはセクハラになりますか？」

これに対する答えは、

はい　38パーセント
いいえ　62パーセント

男性が女性の足にテーブルの下で触れることは、明確に「性的なお誘い」だと捉えられる。その上、上司と部下の関係である。これも日本であれば明らかにセクハラになるはずが、フランスではそう思っていない人が大多数なのだ。

そして、「セクハラについての議論は男女間の関係を悪化させるか」という質問に、51パーセントが「そう思う」と答えている。少なくとも撮影当時、約半数の人々が、セクハラについての議論に懐疑的だったということになる。

フランスでは、男女という違った性を持つ存在が、同じ時間を過ごすことで起こる行き違いやちょっとしたアクシデントを法律で一掃するのではなく、酸いも甘いも噛み分けた大人になるためのステップの一つだと考えてきた。そして、時にそれを楽しむこともあった。

だから、その「違い」がなくなることを恐れる。男女平等教育に対して簡単に「いいね」とは言わないし、少々の不平等やセクハラだって我慢する。そういったことよりも、「遊び心のある色気のある社会」をこれまで求めてきた。それゆえ、「セクハラ」「ちょっとエッチな冗談」「ナンパ」「真剣なアプローチ」の線引きが難しくもある。そのようなまさに男女関係のグレーゾーンを、法で規制しにくい国でもある。

もちろん、こうした風潮も、今後、グローバル化とともに大きく変わっていくだろう。2017年末からの「#MeToo」運動をきっかけに、現在、メディアで、家庭や職場で、これまでになくセクハラについて議論されている。

国際社会と足並みを揃えた、しかし、伝統や歴史を考慮に入れたフランスならではのセクハラに関する枠組みが、ようやく真剣に検討されはじめたところである。

第3章

不倫は「いけないこと」ではない

1　不倫はモラルに反するのか

恋愛をモラルで断罪しないフランス人

日本では、2016年頃から有名人の不倫に対するバッシングが相次いでいる。タレントのベッキー、宮崎謙介元衆議院議員の騒動に続いて昨年（2017年）は、山尾志桜里《しおり》衆議院議員のW不倫疑惑だ。〝肉食のジャンヌダルク〟（週刊文春）と呼ばれ、不倫相手である倉持麟太郎《りんたろう》弁護士の元妻の激白から、身内による「非常識にもほどがある」という発言まで飛び出す始末。

話題になるのはわかるが、どうしてあそこまで叩かれるのか、私にはどうにもわからない。これではまるで、不倫をした罪で石投げの刑に処されるイスラム系の国の女性を見ているようだ。恋愛で頭が溶けてマズイことをしてしまう、いいじゃないですか、人間らしくて。「議員としてふさわしくない」「人間として資質に欠ける」となじる人もいるが、「正しい恋愛」と「正しいセックス」しか知らない人のほうが胡《う》散《さん》臭いような……。

同じ日本でも、大正時代には歌人、柳原白蓮《やなぎわらびゃくれん》の駆け落ち事件(注)が話題になり、1950年代は三島由紀夫の『美徳のよろめき』から生まれた「よろめき夫人」が流行語となり、私が学生だった80年代は、ドラマ「金曜日の妻たちへ」が流行った。不倫がカッコイイことだった時代もあるのだ。

しかし、コンプライアンスの強化が進んでいる今は違うらしい。80年代には、不倫は当事者だけの問題だったが、今は「周囲の雰囲気を乱倫にするから許せない」という声が上がる。日本では、個人の幸福追求より「みんなのために」という他者への配慮のほうが強いのかもしれない。

フランスでも、民法212条で、夫婦は「相互に尊重し合い、貞節であり、助け合い、扶助し合わなければならない」と定められているが、人々の意識はかなり違う。カップルの半数は事実婚だが、結婚であろうと事実婚であろうと、「人の心は移ろうもの」という認識が

柳原白蓮の駆け落ち事件　1921（大正10）年、大正天皇の従姉妹に当たる華族で歌人の柳原白蓮は、炭鉱王の伊藤伝右衛門と見合い結婚をするが、社会運動家、宮崎龍介と恋に落ち、新聞に夫に対する縁切り状を掲載して駆け落ちした。

社会全体に浸透しているように思える。[*1] こうした考え方をするのは、カップルの流動性が高いからかもしれない。

「ル・モンド」紙に2017年に発表された国立統計経済研究所（INSEE）の発表によれば、8年以内で離婚するカップルが1970年から1978年にかけては12パーセントだったが、1997年から2007年にかけては29パーセントに増加。また2013年には、離婚経験者（26歳から65歳）の半数が、離婚して2年以内に新しいパートナーを見つけている。[*2]

こんなフランス人の友人がいる。事実婚をしている60代のベルナールと40代後半のカトリーヌのカップルだ。二人とも広告会社で働いていて、小学校に通う男の子と幼稚園に通う女の子がいる。夏休み、ベルナールは私たちの休暇先に突然電話をかけてきて、「これからそっち行っていい?」と言うなり、かなり憔悴《しょうすい》した様子で、長男だけを連れてきた。連日の不眠が見てとれるような表情だ。

「妻が同僚とデキていて、それもかなり本気の関係で長く続いている。この間のアメリカ出張も彼と一緒に行っていたことがわかったんだ……。だから家を飛び出してきた」と言う。なんでも、その愛人の妻は乳ガンを患っているとのことだ。

共通の友人の間でも噂にのぼることになったが、このときの周囲の人々の反応が興味深かった。

乳ガンの妻がいる男とダブル不倫している状況にもかかわらず、この関係を糾弾する言葉は聞こえなかったのだ。「困ったね」「奥さんがかわいそうだね」と控えめに言う人はいたが、「何考えてんの、その男！」「病床の妻から夫を寝取るなんて」と非難する人は一人もいなかった。

どうやらフランスでは、どんな理由であれ他人の恋愛を「モラル」によって断罪することはないようだ。たとえそれが不倫であっても、である。第２章で述べたが、結婚とは制度化された「関係」にすぎず、すべての恋愛は「不倫」であった歴史が影響しているのだ。しかし、それだけではないだろう。どこか、恋愛をモラルによって断罪することへのアレルギーが感じられる。

歴代大統領も堂々と不倫

その最たる例は、オランド元大統領の不倫事件における国内での反応だ。外国メディアとの違いを見てみよう。

２０１４年初めの１月10日、オランド元大統領が在任中、女優のジュリー・ガイエ氏と密会していたことがゴシップ雑誌「クロゼー」に報じられた。とはいえ、二人が一緒の写真ではなく、スクーターに乗ってアパルトマンに到着するヘルメットをかぶったオランド元大統領らしき男性の写真と、テラスから中に入る金髪の女性の写真をそれぞれ掲載した形だ。

「クロゼー」誌の表紙

この写真が掲載された直後、元大統領と事実婚の関係にあった元ファーストレディ、ヴァレリー・トリユルヴァイレール氏はショックのあまり入院した。しかし、オランド元大統領は謝罪するどころか、「プライバシーの侵害を遺憾に思う」とＡＦＰ通信を通じて反撃、詳細については一切説明しなかった。中道左派の「ル・モンド」紙は、大統領のプライバシーを知ることは必要ないと判断し、報道していない。[*3]

歴代大統領の恋愛スキャンダルは以前にも数多くあったが、その報道姿勢はあくまで控えめ。第2章で述べたように、フランスでは１９７０年以来、個人の恋愛関係と性的指向は民法第9条によってプライバシーとして守られており、それを暴くメディアのほうが責められるべき立場にある。

ジスカール・デスタン元大統領（在任1974-1981）は、1974年に夫人ではない女性を助手席に乗せてエリゼ宮に朝帰りする途中に、牛乳屋の車に衝突し警察沙汰になり、風刺新聞「カナール・アンシェネ」に暴かれた。しかし、詳細は未だ謎に包まれたままである。ミッテラン元大統領には夫人以外の女性との間にも家庭があった。だが、そのことが週刊誌「パリ・マッチ」に報じられたときも、憮然《ぶぜん》として「それで？」と答えただけ。国民の反応もごく控えめなものであった。

2003年には日本やイギリスで、シラク元大統領と日本人女性との隠し子疑惑が報道されたが、フランスメディアはやはりスルー。「ニューヨーク・タイムズ」紙のパリ特派員エレーヌ・シオリノ氏が風刺新聞「カナール・アンシェネ」の編集部長に電話インタビューをしたところ、「その子どもが公金で養育されてでもいない限りネタにならない」という答えが返ってきた。[*4]

このように、大統領の不倫であっても大きな話題になることはなかったが、誰もが手軽に情報を発信できるソーシャル・メディアの氾濫でいくぶん時代は変わった。2014年1月頃は、国民もメディアも前に述べたオランド元大統領の不倫の話題でもちきりだった。ただし、それも下世話な興味レベルにすぎず、それが「大統領が不倫とはけしからん」という論調にならないところがフランスだ。大統領にお金のスキャンダルがあれば失脚は必至だが、やはり恋愛スキャンダルには寛容なのである。

このようなフランスのプライバシー観は日本はもちろん、欧米各国とも大きく異なる。たとえば、2014年1月31日付け「ハフィントン・ポスト」によると、イギリスを訪問していたオランド大統領は、キャメロン首相との合同記者会見中、日刊紙「ザ・デイリー・テレグラフ」の記者から「あなたの乱倫な生活が暴露されたことで、フランスは国際社会のもの笑いの種になったと思いませんか?」と、あからさまに質問されている。

アメリカでは別の反応があった。2014年1月27日付け「リベラシオン」紙で、プリンストン大学のエズラ・シュレイマン教授が「アメリカのジャーナリストなら、大統領が伴侶に嘘をつき、国民に夫婦仲はうまくいっているように見せかけたことについて詰問するだろう」と述べている。また、同紙のワシントン支局のロレーヌ・ミオ氏は「オランド大統領に婚外子が4人もいること、正式に結婚していないガールフレンドをエリゼ宮のファーストレディにすること、また、別れるときはAFP通信を通じて国民に一報するだけということは、アメリカ人には理解し難い」と述べている。

このように、イギリスとアメリカでは個人の恋愛が道徳的な観点から批判されることが多いようだ。特にアメリカは、禁欲的で知られるピューリタン（125ページ参照）が国の礎《いしずえ》を作ったことも影響しているのだろう。一方フランスはまた異なる歴史を経た結果、今のような価値観を持つようになったのだ。

ゴシップ誌が売れない理由

オランド元大統領の〝元カノ〟、ヴァレリー・トリユルヴァイレール氏が大統領との出会いから別れまでを書いた、『あの時をありがとう』*5という暴露本がある。この本は、わずか4カ月で60万部を売り上げ、フランスの2014年ベストセラー第1位に輝いた。イギリスの官能小説で、『ハリー・ポッター』シリーズを超える史上最速の売り上げ記録をあげた『フィフティ・シェイズ・オブ・グレイ』を2位に抑えての快挙（?）である。*6

同書では、破局後も、オランド元大統領が1日に29通も「今でも君を愛している」というメールを送りつけてくることなどが書かれており、たしかにそれなりにおもしろい。

しかし、この本はベストセラーになったものの、「自分の恋愛をネタにお金儲けをするなんて、軽蔑に値《あたい》する」と、評判の悪さもダントツであった。2014年12月4日付け「ハフィントン・ポスト」の統計によると、66パーセントの国民が同書の著者トリユルヴァイレール氏に対してネガティブな感情をいだいており、ポジティブな感情をいだいているのはわずか17パーセントのみ。本の売れ行きと作者の人気は別の問題であることがわかる。[*7]

また、マクロン現大統領の次のエピソードも興味深い。マクロン夫人は、夫が大統領選出馬直後の2016年4月、週刊誌「パリ・マッチ」において二人の馴れ初めについて初めて打ち明けた。だがその後、マクロン大統領は「メディアに慣れていない妻は、ジャーナリストに私たちのプライバシーについて話してしまったが、そのことを今はとても後悔している。これは私たち二人の愚行」と、夫人をかばいながらも、はっきり「愚行」と言い切っている。[*8]

マクロン夫人が馴れ初めエピソードを語った「パリ・マッチ」誌

第2章で出てきた12世紀の騎士道恋愛のマニュアル『恋愛の作法』は健在なのだ。自分のプライバシーを表沙汰にすることも、他人のプライバシーに興味をもつことも、あまりシック（粋なこと、洒落ていること）ではない。誰とベッドの中にいるのか、何をしているのかなんて他人がとやかく言うことではないのだ。フランスでもっとも人気があるゴシップ誌は前出の「パリ・マッチ」（51万部）だが、フランスの全雑誌の販売部数で見ると、14位である（２０１７年）。オランド大統領の不倫をスクープした週刊誌「クロゼー」（24万部）は43位に過ぎない。[*9]

「不倫はモラルに反しない」という最高裁判決

また、週刊誌「ポワン・ド・ヴュ」は、オランド元大統領のファーストレディだったトリユルヴァイレール氏が、保守派政治家Ｄ氏と愛人関係にあると報道した。だが、この話はまったくの事実無根で、既婚者で４人の子どものいるＤ氏は同誌を名誉毀損で訴えることとなる。[*10]

しかし、驚くべきことに２０１５年12月17日、最高裁判所は「不倫は40年前から刑法上の罪ではなくなっており、現代の風紀においては、とくにモラルに反するとはいえない。だから不倫の噂をたてられても名誉毀損にはならない」という判決を下し、Ｄ氏の訴えは棄却されたのである。

事実として、フランスは世界でもっとも不倫に寛容な国である。

アメリカのシンクタンク、ピュー研究所による２０１４年の統計では、フランス人の53パーセントがパートナーの不倫を許すと答えている。日本のモラルから見ると驚くべき数字で、これは世界で1位だ。ちなみに、日本は9位で31パーセント、アメリカは16パーセントと厳しく、最下位のパレスチナとトルコは6パーセント[*11]（他にもいろんな統計結果があるが、フランスはどの統計でも10位以内に入っている）。

フランスで不倫が刑法上の罪でなくなり、民法上の過失となったのは1975年。2001年からは「生まれてきた子どもに罪はない」として、不倫関係から生まれた子どもも嫡《ちゃく》子《し》と同じ権利をもつことになり、これを機会に不倫につきものの暗い影はなくなった。

嫡子であろうと非嫡子であろうと同じ権利をもつようになったのは公正だと思うが、いっぽうで不倫による離婚訴訟では慰謝料請求もままならなくなった。

10年ほどまえ、友人Mは夫の不倫が原因で離婚した。夫婦名義で借りていた家を失い、友人たちの家を転々としたが、つい最近、低賃金者用アパートが割り当てられ、ようやくまともな日常生活を送れるようになった。7年続いた離婚訴訟の末に養育費こそもらえたが、不倫の事実に関しては重きを置かれることはなく、慰謝料が支払われることはなかったという。

不倫＝多額の慰謝料を想像するかもしれないが、フランスでは不倫も他の過失と同列に考えられる。そのため「過失なんて多かれ少なかれ誰にでもあること」と捉えられ、大事として扱われないケースが多い。たとえば妻が暮らす自宅に愛人を連れ込むなど、「妻が日常生活を営むことを妨げる」というような余程のことがない限り、不倫をしたパートナーから多大な慰謝料を受け取ることはできないそうだ。

法律事務所に勤めている友人に聞いてみたところ、次のような実例を教えてくれた。

①　28年の同居生活の末、愛人と新しい生活を始めるために出て行った夫が支払った慰謝料→3049ユーロ（約40万円）

②　低収入の妻と3人の子どもを残して愛人の家へ出て行った夫が支払った慰謝料→1500ユーロ（約19万円）

「たったこれだけ?」と思ってしまう。

弁護士にかかる費用のほうが高いではないか。この程度の慰謝料ならば、さっさと水に流して、新しい恋人を見つけるほうがお得というものだ。

2　セックスとキリスト教史

フランス人は性的モラルがない？

オランド元大統領不倫事件があったとき、外国人に「フランスでは大統領が不倫しましたが、どう思いますか？」とインタビューをしているフランスのニュース番組があったと聞いた。その外国人の答えは、

「まあフランス人はねえ……あの人たちは仕方ないんじゃないかしら、アンモラルでも」

だったとか。

どうして仕方ないのか？

いったい、いつから「フランス人は性的にアンモラル」という評価になってしまったのだろうか？

これらの問いに答えるために、20世紀半ばまでフランス人のモラルの基盤となっていたキ

リスト教が、どのようにセックスを捉えていたかを考えてみたい。

色欲に厳しいキリスト教のセックス観

第2章で述べたように、キリスト教では、その初期から「身体」は「悪」と考えられた。だから、身体のつながりであるセックスも当然「悪」である。セックスはしないほうがよい。ただし、情欲を抑えられない場合、信徒を増やすための生殖を目的とした「結婚」という枠組みの中ならばセックスしてもかまわない。

新約聖書のガラテヤ人への手紙第5章16節から21節に、

私は命じる。御霊によって歩きなさい。そうすれば、決して、肉の欲を満たすことはない。なぜなら、肉の欲するところは御霊に反し、また御霊の欲するところは肉に反するからである。……（中略）肉の働きは明白である。すなわち、不品行、汚れ、好色……（中略）このようなことを行う者は、神の国をつぐことがない。

とあるように、キリスト教においては、快楽を目的にセックスをしてはならないという教えだった（もっとも現在は、カトリックの間でもセックスはカップルの愛情表現の一つとして認められている。2018年5月には『愛しなさい、そしてやりたいことをしなさい』[*12]という、神父とセクソログ〈性科学医〉の共著も出版された）。

キリスト教のなかでもカトリックは特に、「人間は生まれながらに原罪を背負っている」という意識が強い。これはアダムとイヴが、神に食べてはいけないと言われた知恵の実を蛇にそそのかされて食べたこと、つまり神に従わなかった話に由来している。そして、カトリックの教義の基盤を作ったと言われる聖アウグスティヌス（354-430）は、「原罪」はセックスによって親から子どもに受け継がれると考えた。[*13]

そして、キリスト教がヨーロッパの隅々まで広がり、教皇の権力が強大になった13世紀。正統な信仰の方向性が定められた1215年のラテラノ公会議で、人間には高慢、貪欲、嫉妬、憤怒、色欲、暴食、怠惰という7つの原罪があることが定められた。信者にとってこの7つの原罪をできるならば毎週、少なくとも年に1回、復活祭前に神父へ告解することが義務になった。[*14]

どの原罪がもっとも悪いとされていたかは時代によって異なるようだが、なかでも色欲に対しては厳しかったようだ。結婚していないカップル間でのセックス、不倫、乱行、誘拐、

『七つの大罪と四終』ヒエロニムス・ボッシュ作

近親相姦、冒涜、獣姦、アナルセックス、マスターベーション……あらゆる官能性の追求が禁じられた。

　そもそもセックスを禁じられている日も多かった。復活祭とその前40日間（四旬節）、毎週金曜日（キリストが十字架で磔刑《たっけい》に処せられた曜日）、クリスマスとその前の4週間（アドベント週）、それに加えて女性の生理中も禁止であった。なので、掟に沿ったセックス・カレンダーを守るならば、セックスできる日は年に90日ほどだった。[*15]

　また、セックスの内容も、僧侶たちが「いちばん妊娠しやすい体位」と考えた正常位（そのため「宣教師の体位」とも呼ばれる）だけが許可されており、女性が上に乗る騎乗位や動物の性交を思わせる後背位は、「身体に障害のある子どもが生まれる」「ハンセン病にかかる」「地獄に落ちる」などと脅された。生殖に直結しないセックスは禁止されていたから、愛撫やオーラルセックスもご法度《はっと》。オーガズムに達することは、「命を縮める」「身体が乾く」「脳が小さくなる」「目が潰れる」と信じられていた。

さらに悪いこととして抑圧されていたのは、「ソドミー」と総称される「精子を生殖に利用せずに無駄遣い」する行為。すなわちマスターベーション、フェラチオ、アナルセックスの3つで、なかでもアナルセックスは火刑にあたいした。

ただし、このような性的規範にも裏はあり、お金を払って快楽を得ることは「罪」と考えられてはいなかった。マスターベーションをしないためならば、男性が売春婦のもとに通うのもよしとされていたのだ。

中世史家ジャック・ル・ゴフの『快楽の拒否』[*16]によれば、11世紀、ブシャール・ド・ウォームというドイツ人神学者によって書かれた告解師用のマニュアル[*17]には、

君は犬のような体位で妻と交わったのか？　それならば10日間、パンと水だけで過ごせ。

君は復活祭の前に妻を穢したのか？　それならば40日間パンと水だけで過ごし、そして26スー（当時の通貨単位）を献金として捧げよ。

といった厳しい言葉が並んでいる。人々のセックスは告解を通して、事細かに監督されていたのである。自分のセックスを告解師に告白して赦《ゆる》しを乞う習慣は、フランスでは少なくとも１９５０年代まで続いた。当時、子どもだった私の夫曰く、告解室で何も言うことがないので黙っていたら、「マスターベーションをしたでしょう？」と誘導尋問を受けたこともあるそうだ。

16世紀、カトリック教会機構の腐敗に業を煮やしたルター（１４８３‐１５４６）やカルヴァン（１５０９‐１５６４）による宗教改革が行われ、新教（プロテスタント）がヨーロッパ中に広がった。脅威を感じたカトリック教会は、自らの教会機構の建て直しと新教弾圧を目的としたトリエント公会議（１５４５年）を開き、反宗教改革（対抗宗教改革）に乗り出す。宗教裁判所が設置され異端裁判が行われ、禁書目録が定められ、思想が統制された。信者への締め付けは厳しくなった。

しかし、17世紀になると、宇宙論の変革をはじめとした自然科学分野の発展が起きる。ガリレオは教会教義に反する地動説をとなえ、デカルトは宇宙や地球の形成を聖書によってではなく科学的に説明した。[*18]

ガリレオは異端審問にかけられ、デカルトも禁書処分を受けるが、こうした科学の発展を背景に「聖書の話なんてデタラメじゃないか」「もっと教義から離れて自由に思考してもいいんじゃないか?」という声が上がり始める。そうして現れたのが、リベルタン(ラテン語で「解放された奴隷」という意味)と呼ばれる作家や詩人、自由思想家、学者など教会の教義に反抗する人々である。

当時、リベルタンであることは、命を賭けてのことだった。エロチックな詩や文学、ポルノグラフィーを書くことは、公権力に楯突く行為として扱われ刑罰に値したからだ。ルイ13世(在位1610-1643)の統治下のフランスでは、神を冒涜する著作を書いたとのお咎めを受けた哲学者ジュリオ・セザーレ・ヴァニーニ(1585-1619)は舌を抜かれ火刑に処され、「女神の売春宿」という卑猥な詩を書いた詩人クロード・ル・プティ(1638-1662)も火刑に処された。想像すること=実行したことになってしまう時代だったのだ。

自由な恋愛と快楽を追求したリベルタンたち

ルイ14世（在位１６４３‐１７１５）は絶対王政の最盛期を築いたが、子孫を次々に亡くした。太陽王と呼ばれるほど権勢を誇ったが、多くの愛妾《あいしょう》を囲ったことが神の怒りに触れたのではないかと恐れ慄《おのの》き、晩年期は信心に凝り固まり、思想統制をさらに厳しくした。フランス王のなかでいちばん長かった72年間の統治が１７１５年に終わると、国民はホッと息をついた。*19

時は18世紀、ポルトガルやスペインに遅れをとったフランスの大航海時代でもある。非キリスト教世界が発見され、異文化世界への旅行記が書籍の流通とともに読まれるようになり、キリスト教的世界観はもはや万人のコンセンサスを得るものではなくなっていた。こうした状況で、幼いルイ15世にかわって、ルイ14世の甥、オルレアン公フィリップが摂政（在位１７１５‐１７２３）として執政を行った。

オルレアン公はルイ14世とうってかわって、キリスト教から離れた思想や人生をもつ人物だった。性的にも放埒で乱交パーティーまがいのものを主催していたいっぽう、自由思想も大いに受け入れた。８年という短い治世だったが、新しい時代の息吹の中で、思想的自由と性的自由がリンクし、リベルタンは自由思想を唱えるインテリというだけではなく、奔放な恋愛とセックスライフを楽しむ人々を指すようになった。こうして「キリスト教のモラルや世界観から離れて自由に思考できる人＝恋愛とセックスにも自由な人」という図式ができあがった。

女性科学者の先駆けとなったシャトレ侯爵夫人（1706-1749）は、リベルタンの良い例だろう。彼女はニュートンの著作『自然哲学の数学的諸原理』をフランス語に翻訳したインテリであると同時に、『宗教への疑問』『神の存在について』という著作もある無神論者であり、そして自由に恋愛する女性だった。夫が出征で留守の間に、愛人である哲学者ヴォルテール（1694-1778）を自宅に引き入れて同棲。夫も「私のメンツを潰さないでくれるならどうぞ」と公認。その後、10歳年下の詩人サン・ランベールと恋に落ち、妊娠。侯爵夫人は産褥《さんじょく》の床で、夫、元カレのヴォルテール、生まれてきた子どもの父サン・ランベールの3人に看取られて亡くなった。その後、夫は、夫人とサン・ランベールの間に生まれた子どもを実子として認知している。[*20]

こういう話を聞くと、日本人の感覚では「じゃあ、夫婦っていったいどういう関係なの？」と言いたくなるが、これが、当時の貴族の生き方だったのである。哲学者モンテスキユー（１６８９‐１７５５）が著した『ペルシア人の手紙』[*21]は、フランソワ国（暗にフランスを指す架空の国）を旅行するペルシア人が故郷と交わした手紙という書簡体の小説で、オルレアン公摂政時代の宮廷風俗や社会、政治を批判したものだ。その中にある手紙55には、

この国では、嫉妬心の強い夫ほど嫌われるものはない。（中略）自分の妻を独り占めする夫は、公共の楽しみを妨げるようなもの。日照権をたった一人で独占しようとする者のように見なされる。自分の妻を本気で愛したりするような男は、取り柄のない、他の女性から愛されない人間であって、自分に欠けている魅力を補うために夫という法的立場を濫用し、社会に損害を与える者だ。

とある（拙訳）。つまり、この時代の結婚は単なる制度であって、恋愛とは完全に「別腹」。夫が妻を愛したり、ましてや彼女の愛人関係に嫉妬したりするのは騎士道恋愛と同様「下々の者がする下品なこと」だったのだ。妻が不義の子を産んでも、シャトレ公爵のように「ああ、そうかい」と鷹揚に受けとめて認知するのが、貴族の男性のあるべき姿だった。

こうした風潮であったから、宮廷では「天国に入るために現世の幸福は諦めて、慎ましく

つけボクロをつける女性

質素に贖罪のために生きる」などというキリスト教的人生観をせせら笑い、「今を楽しまにゃ損々！」とばかりに、ただただ自分の快楽だけを追求するリベルタンが増え、風紀は一気にユルくなった。胸の大きくはだけたデコルテのドレスが流行り、既婚女性であろうと、つけボクロをつける位置によって「今晩はＯＫ」という暗号を示していた。トイレの際に使用するビデが発明されたのもこの頃だと言われている。この時代、少なくとも貴族の間では、生殖と快楽がすでに分離していたことがわかる。

こうしたユルい状況を背景として、イギリスのジョン・ロック、ヒュームなどに始まった「世界をキリスト教的観点からではなく、理性で捉えなおそう」という啓蒙思想(注)が、フランスではより激しいものになって広がった。

これは、人間の祖先はアダムとイヴで、悪い行いをすれば最後の審判で地獄に送られ悪魔に舌を抜かれるといったことが大真面目に信じられ、天災も飢饉《ききん》も「神の思《おぼ》し召《め》し」であった時代が終わり、理性が神にとって代わる時代が到来したことを意味する。当然、これまで絶対王政を支えてきた王権神授説も怪しくなった。啓蒙思想家たちは、科学的観点と理性によってあらゆる知識を体系化した百科全書を編集し、ルイ15世の治世下で、１７５１年に出版した。教会からは危険視され発禁処分を受けたが、秘密裏に読まれ、さらには流行り始めたばかりのキャフェで、植民地産のコーヒーを飲みながらのおしゃべりを通して庶民の間に広まり、フランス革命の思想的基盤を作った。

ところで、啓蒙思想家として歴史の授業で名前を習うディドロ（１７１３‐１７８４）は、無神論の立場に立つ徹底した唯物論者(注)だった。自然主義の立場から、人間の本質や個人の幸福について考える多くの著作を残した。百科全書の中にある「不貞」という項目では、

啓蒙思想　『啓蒙主義』（ロイ・ポーター著、見市雅俊訳、岩波書店、２００４年）の中では、「聖書によって啓示され、教会によって保証され、神学によって合理化され、説教壇から説かれてきた、人間と社会と自然を理解するための、聖書に基づく来世志向の枠組みときっぱり手を切る」思想とされている。
唯物論　心や精神は副次的、派生的なものであるとみなし、世界の根本原理ないし実在を物質と考える世界観。18世紀のフランス哲学では無神論に結びついた。

一生、貞節を誓う人間は、自分を過信している。心変わりは自然の法則にかなったこと。

と執筆し、「二人の伴侶に一生の貞節」を条件とするキリスト教の結婚制度を批判している。[*22]

ディドロは宗教的モラルが人間の性を束縛することに反対を表明する著作を数点出版したが、その一つに『ラ・カルリエール夫人[*23]』がある。

ラ・カルリエール夫人は、結婚の前日に、夫となる人の過去の浮気について知る。彼女はそれを断固として許さず、村人の前に夫の過失を晒《さら》し、夫は、神父を先頭にした怒った群衆にリンチされそうになる——というあらすじだ。ディドロはその中で、「多様な官能を追求するのは人間にとって自然なこと。自然法則とそれに相反する社会的・宗教的モラルの中で引き裂かれている人間を、そう簡単に断罪するのはいかがなものか?」と、読者に問いかけている。

ところで、これら啓蒙思想家の作品は、フランスの高校の必修科目である哲学の授業で、「性の自由化」「人間の本質について」といった項目の教材として取り上げられる。フランス人が、他人の恋愛をモラルで断罪するのを控える傾向の裏には、宗教的モラルによってではなく、理性によって人間の本質を見直し、性的自由や恋愛に対する寛容の精神を唱えた18世紀の哲学が大きく影響しているのだろう。

セクシャルな権力批判が相次いだ18世紀

ルイ15世の統治時代は文化的には栄えたが、七年戦争（１７５６‐１７６３）でオーストリアと同盟したフランス軍はプロイセンに敗北。北米でのフレンチ・インディアン戦争でもイギリス軍に敗戦し植民地であったカナダとルイジアナを失い、もはや国庫は空に。王の権威は急速に失墜するが、そのくせ数多い寵妃《ちょうき》（愛妾）に囲まれた王の私生活は奔放。当然、公権力に対する批判はセクシャルなものが多くなった。

１７４０年からフランス革命前後の時代は、哲学者が公権力を批判するのにポルノグラフィーというジャンルを利用するのが流行した時代でもあった。ディドロは女性の「宝石」（俗語で女性器を意味する）が過去の性遍歴や宮廷の腐敗について暴露する『お喋りな宝石』[*24]という作品を、ヴォルテールは処女だったとされるジャンヌ・ダルクの物語をパロディー化し、宗教的不寛容や迷信、狂信主義を批判する『オルレアンの処女』[*25]を出版した。それに対して警察は、哲学的なテキスト、反体制的なパンフレット、そしてポルノグラフィーを総括して「哲学書」として取り締まった。[*26]

なかでも有名なのは、作者不明の『哲学するテレーズ』[*27]である。こちらは実話を基にしたもので、17歳の女性テレーズに、告解師であるジェズイット派の神父が性のイニシエーションをほどこすというあらすじだ。その中で、T神父は、告解に来たテレーズに、

「君がここに感じるムズムズ感だがね、それはお腹が空いたりや喉が渇いたりという身体の現象と同じように、至極自然なことだ。わざわざそのムズムズ感を高める必要はないが、感じてしまったら自分の手や指でこすって悪いことはない。ただし、君の将来の夫を怒らせることもあるだろうから、中に指を入れてはいけない。それ以外は、繰り返し言うが、こうした欲求は神がお造りになった自然法則によるものだから、それを慰《なぐさ》めるのに、これまた神がくださった我々の指や手を使って何が悪かろう。それがなぜ、神を冒涜することになろうか?」(拙訳[*28])

と、マスターベーションのレッスンをする場面がある。

この後、テレーズは性遍歴を重ね、さまざまな快楽を味わうが、最後に、「身体の快楽は神がお作りになったもの。ではなんだって、神様の意図に沿って快楽を求めるのに顔を赤らめる必要があるの？　ありとあらゆる方法で官能を満足させることは人類の幸福に貢献すること、そのいったい何がいけないというの？　（中略）ああ、険しい表情の検閲者たちよ、私たちは自分が望むように考えるわけではない。魂には意志などあるはずもなく、魂は感性と物質に左右されるものなのよ」（拙訳[*29]）と、神の存在を否定はしないものの、魂・精神は身体より優れたものとする従来のキリスト教的な教えを否定する理神論(注)的セリフで幕を締めくくる。

余談になるが、フランスでは1780年から第一帝政（1804－1814）にかけて出生率が減少した。その理由を『哲学するテレーズ』のようなポルノグラフィーが読まれてマスターベーションに対する禁忌が薄れ、同時に、貴族だけではなく庶民も生殖と快楽を区別するようになったからとする説もある。[*30]

理神論　神の存在は否定しないが、非合理的な奇跡、予言、啓示、神が人間に与える罰や地獄の存在を信じない立場。

Source gallica.bnf.fr / Bibliothèque nationale de France

『王妃マリー・アントワネットの激しい子宮』（1791年）の挿絵。同時期の日本の春画が「楽しくておかしい色恋の世界」を描いたのに対し、フランスのポルノグラフィーは「体制に対する異議申し立て」という政治的意味合いを持つものが多かった。

ルイ16世（在位1774－1792）は先代から引き継いだ慢性的財政難に加え、イギリスの勢力拡大を恐れてアメリカ独立戦争を援助したため、さらに資金繰りに苦しむ羽目に。国民は重税にあえぎ、王と王妃マリー・アントワネットを批判するポルノグラフィー『王妃マリー・アントワネットの激しい子宮』[*31]、『王家の売春宿、王妃と枢機卿の密会』[*32]など、挑発的なパンフレットが匿名で続々と出版された。フランス革命の指導者も、ミラボーは『ロールの性教育』[*33]、サン・ジュストは『オルガン』[*34]というエロチックな詩を出版している。

当時のフランスで唯一の教育機関であった教会は、中流階級の市民に読み書きを普及するべく教育を施《ほどこ》していた。しかし、識字率向上教育は教会にとってはかえって仇《あだ》となったようだ。金融・商業分野で成功したブルジョアジーが主導権を握って起こしたフランス革命に、教会や公権力を批判するポルノグラフィーやパンフレットを回し読みして革命思想にかぶれた民衆が加わり、王制崩壊へとなだれ込んだからだ。

貴族は性に奔放な者、つまりは〝ヤリマン〟と〝ヤリチン〟だらけ、おまけに哲学者がポルノグラフィーを書いていたかと思えば、王様の首が刎《は》ねられ絶対王政崩壊と、18世紀のフランスは当時の他のヨーロッパ諸国の宮廷を震え上がらせた。

欧米諸国の「フランス人はアンモラル」というイメージは、この時代から不動のものになった。

サド侯爵が暴いた近代社会の闇

近年では日本でも春画の展覧会が開催されるようになったが、フランスではこうしたポルノグラフィーを国立図書館や美術館で堂々と展示する。

危険な文書はフランス語で「地獄図書」(注)と呼ばれるが、16世紀以来禁書となり王立図書館に保管されていた上記のような書籍は、1830年代の七月王制下で風紀を乱すとの理由から「地獄図書書庫」に分別された。

国立図書館は第二帝政下(1852‐1870)で「地獄図書」目録を作成し、特別に許可を得た人々だけが、仕切りのある場所で閲覧することを許されるようになった。*35

時代は進んで2007年、国立図書館は「地獄図書展」という展覧会を開催し、地獄図書目録にある作品を16歳以上の観客に公開した。日本の春画も歌川国貞《うたがわくにさだ》作『恋のやつふぢ』と勝川春章《かつかわしゅんしょう》作『百慕々語《ひゃくぼぼがたり》』に加えて、下河辺拾水《しもこうべしゅうすい》作の12枚組紅摺絵《べにずりえ》『欠題組物《けつだいくみもの》』が鳴り物入りで展示された。

また2014年には国立オルセー美術館が、フランス革命期のエロティック文学の最高峰でありながら1957年まで禁書とされた『悪徳の栄え』のサド侯爵(1740‐1814)

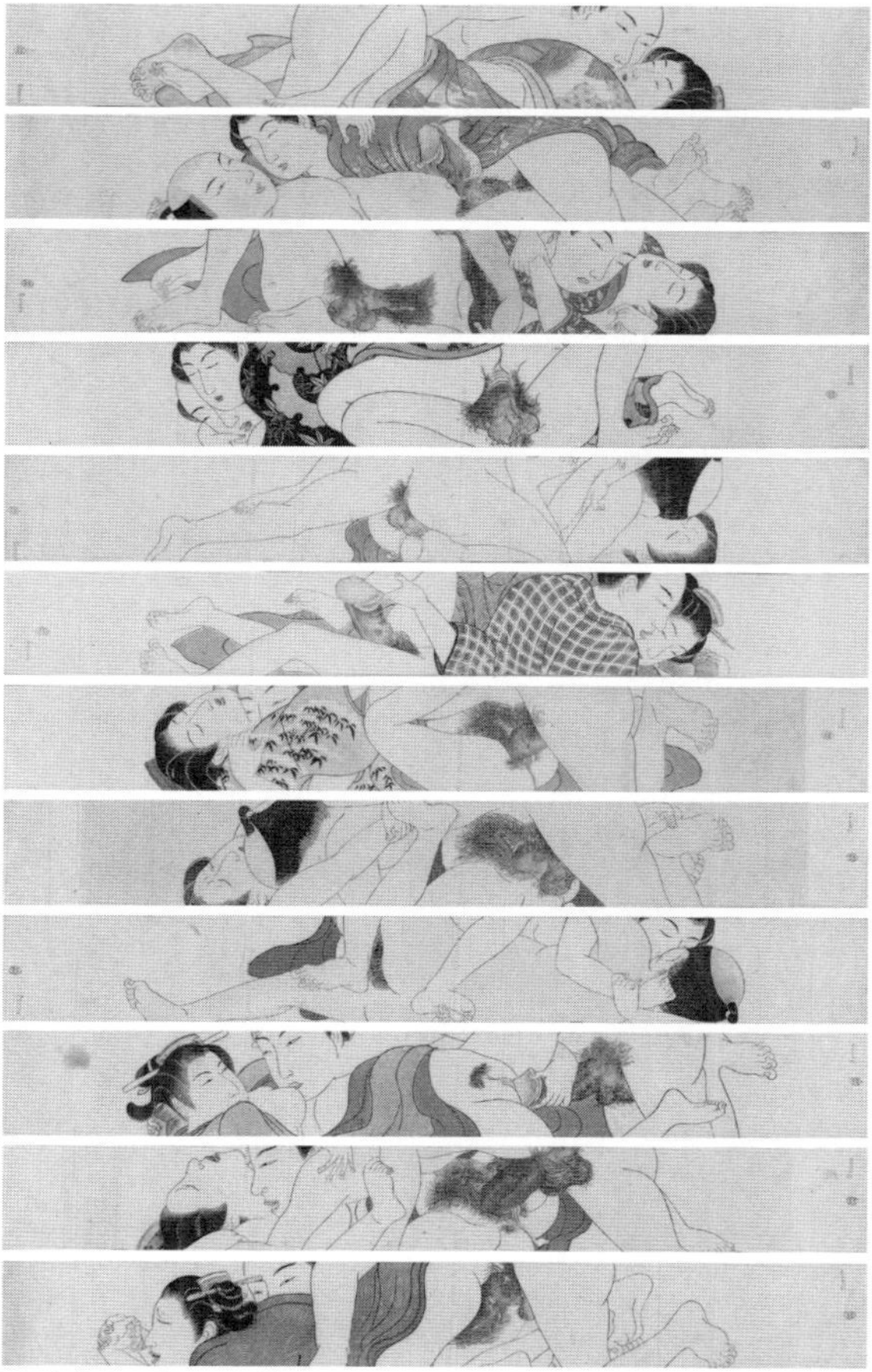

12枚組紅摺絵『欠題組物』下河辺拾水作。1771年頃に制作された。フランス国立図書館所蔵。「地獄図書展カタログ」によれば、世界唯一の全12枚揃いのもの。

没後200年を記念して、「サド侯爵展」を開催した。

ところでリベルタンを地でいったサド侯爵が生きたのは、1789年に起きたフランス革命とその直後、内ゲバの連続だった革命政府の「恐怖政治」の動乱期である。

サド侯爵は、後にナポレオンによってシャラントン精神病院に閉じ込められるのだが、その理由となった『ジュリエット物語　悪徳の栄え[*36]』のあらすじは次のようなものだ。

修道院の中で教育されたジュリエットは、デルベーヌ夫人という修道院長から性の手ほどきを受ける。そして、モラル、悔恨、愛情といったキリスト教的な感情を頭から否定する修道院長にそそのかされ、悪徳の道を突き進むために「犯罪友の会」に入会する。

リベルタンであるジュリエットの人生の唯一の目的は、「自分の快楽をとことん追求すること」。近親相姦、スカトロジー、人肉食、拷問とあらゆるタブーを冒す。理神論者[(注)]であったテレーズよりさらに過激な無神論者で、キリスト教徒にとってもっとも聖なる日である復活祭に「あたしたちが不敬なことをやらかすのに、この日よりも都合の良い日はないわ。誰がなんと言おうとも、私は、キリスト教のもっとも神聖な儀式を涜《けが》してやることに心底からの快楽を感じるのよ。一年のこの日を、キリスト教は一番大事なお祭りとみなしているのですからね」と言って、「犯罪友の会」の仲間たちと思いっきり淫らな饗宴を開いて楽しむ。

家族や友人も殺害し、果てには実の娘をも性的に弄《もてあそ》び、無残に殺害した挙句、「ご覧の通り、皆様、私は現在、こんな風に幸福な境遇にあります。そして正直に申しますが、罪悪を熱烈に愛しております。罪悪のみが私の官能を刺激するのですもの」と、すがすがしく宣言する。[*37]

これまでに誰も書かなかった、いや、誰も直視したがらなかった人間の本性の闇をとことん暴いて見せたという点で、サド侯爵は、その後19世紀以降のボードレール、フロベール、ゴヤ、ドラクロワ、そしてシュルレアリストといった人々の文学、芸術、思想に大きな影響を与えた。

ただ、私が注目したいのは、このような作品がこの時代に生まれたことの意味である。科学の発展を背景として、理性を人間にとって普遍的なものとする啓蒙思想、そしてそれを思想的基盤として起きたフランス革命の結果、現代の民主主義の基盤となる一文、「人間は生まれながらにして自由で権利において平等」を含む全17条の人権宣言が採択され、共和

地獄図書　１８７０年、ピエール・ラルースの『ラルース大百科事典』(Grand Dictionnaire Universel)によれば、「地獄」は「危険な書物を閉じ込める場所」と定義されている。

制樹立が宣言された。「自由」は、時代のキーワードとなった。
しかし、宗教的モラルが紙くず同然の価値しか持たなくなったとき、「私の自由」をとことん実現することで、「他人の自由」が侵害されることはないだろうか？　神を否定するジュリエットと「犯罪友の会」の仲間たちが「私の自由」「私の幸福」「私の快楽」のみを追求する『悪徳の栄え』の世界では、弱者はもはや強者の欲望を満たす「快楽のための道具」でしかなく、彼らが苦しむ声はまったくと言っていいほど聞こえてこない。
いや、理性こそが宗教的モラルにとって代わるというのならば、理性が暴走したり暴力をおかしたりすることはないのか？　ジュリエットは、まさに宗教とそれにまつわる迷信や感情、悔恨や道徳、慈悲、愛情といった理性に適わないものを馬鹿馬鹿しいと考える理性万能主義者だ。しかし、非合理なものをすべて排除する社会が、人間にとって本当に幸せな社会であるかどうかは、はなはだ疑問だ。サドの作品は、劣悪人種と見なされたユダヤ人やホモセクシャル、ロマ族がナチス・ドイツによって大量虐殺された第二次世界大戦や、効率第一主義の社会に適応できない者は切り捨てられる現代のネオリベラリズムを予告し、自由とその負の側面、人間の理性とその限界について、今もなお私たちに切実に問いかけるものだ。[*38]
近代から現代を通じて、フランスでは「自由とは何か」が文学、哲学、政治、経済、風紀といったさまざまな分野で議論されてきた。その結果、恋愛とセックスの自由は、キリスト教が国教となった5世紀末から20世紀初頭まで、つまり約１４００年にわたるキリスト教との熾烈な戦いの末に獲得した、かけがえのないものとして認識されている。だから、フランスの人々はそこへ安易にモラルが介入することを嫌い、それゆえ他国の人々から「フランス人はアンモラルだから」と誤解を受けるのだろう。

しかし、その根底には、フランス革命後２００年をかけて練り上げられた、「自由＝やりたい放題」ではなく、「自由＝他者への責任や連帯の義務を伴う」という考えを土台にした、民主主義的な枠組みがあるように思える。それが、「成人で相手が合意の上であれば、どんな関係もＯＫ」という考えである。この条件さえクリアすれば、恋愛は容赦なくライバルを蹴散らすシビアな自由競争と化す。「奪った者勝ち」の世界である。

目下不倫中の同僚、ロランスは言う。

「不倫を悪いことだと思っているわけではないの。ただ、堂々とできないこと、コソコソしなくてはならないことには困ってる」

そう。「困ったこと」ではあるけれども、悪くはない。

第4章

セックスレスは別れる理由

1　性への意識はどう変わったか

革命の反動で後退する性生活

歴史は前進と後退を繰り返す。フランス革命の理念である市民の平等、人民の主権も実際のところはすぐに実現せず、19世紀後半までは権威主義的な政治体制が続いた。

1789年のフランス革命でキリスト教は禁教となり、教会は旧体制時代の絶大な特権を失った。革命政権下で教会は「理性の寺院」という名称に変更され、神に代わって理性が崇拝されるようになった。

しかし、革命の指導者として恐怖政治を断行したロベスピエール（1758 - 1794）の失脚によって1794年に革命政府が倒れた。保守的共和派による集団指導体制をとる総裁政府の時代（1795〜1799）が訪れると風俗が乱れ、華美な服装がもてはやされ、エロティックな文学作品が大流行した。サド侯爵の書いた『ジュスティーヌ物語　美徳の不幸』

と『ジュリエット物語　悪徳の栄え』（全10巻、３６００ページ）はエロティックな挿絵が１００枚も含まれていたにもかかわらず、堂々と書店で売られ、大変な売れ行きだったという。[*1]

１７９９年、急速に台頭してきた軍部が「ブリュメール18日のクーデター」を起こし、三人の統領が治める統領政府が始まる。これを機に第一統領となり権力を握ったナポレオン・ボナパルト（１７６９‐１８２１）は、政教条約（１８０１年）で教会を国家の定める制限のもとに置く一方、キリスト教を国民的な宗教として認めた。彼自身は信仰と無縁だったが、革命後の混乱によって羅針盤を失ったフランス社会の秩序安定を図るために、宗教を利用したのだ。

ナポレオンは１８０４年、元老院決議と人民投票によって世襲皇帝のナポレオン１世になり、軍事独裁政権である第一帝政が始まった。１８０８年にはすべての初等学校教育を聖職者に一任し、言論・出版を統制した。これにより、今までの乱倫な風紀は徐々に消え去っていった。

18世紀、王侯貴族はセックスライフを自由に楽しんだ。しかし、革命後の風紀の乱れに対する反動からか、革命を率いて時代の先端を走った商人、資本家、官僚、法曹界の人々といったブルジョアジーたちのセックスは、家庭で子どもを作るための行為に後戻りした。当時の女性は一人あたり5～7人の子どもを出産したといわれている。[*2]

発達した医学は、人々を宗教の軛《くびき》から解き放つどころか、かつての宗教的モラルを科学的に保証する、いわば共犯者の立場をとった。以前は聖職者がセックスの内容を規定していたが、この時代には医師が「生殖に効果的なため」正常位を、「男性の精力を無駄にしないため」膣内射精だけを勧めるようになる。[*3] 夫婦間でも相手に裸を見せることはなく、セックスは暗闇のなか、下着のままで素早く終わらせた。モーパッサンが『女の一生』(注)（1883年）で書いたように、初夜のセックスは強姦のようなものだった。また、バルザックの『谷間のゆり』(注)（1835年）にあるように、女性の性的な寿命は約30歳で、それ以降に性的な欲望に忠実になることは世間の評判を失うことを意味した。

ナポレオン3世の第二帝政時代になると、これまでイギリスに遅れをとっていたフランスの産業化が急速に進んだ。鉄道網が大幅に拡張され、ジョルジュ・オスマンによるパリの都市改造が行われた。世界初の百貨店「ル・ボン・マルシェ」が開店し、パリは欧州一の流行発信地となった。だが、急速な都市化が進むいっぽうで、下層階級の人々は深刻な貧困に喘《あえ》いでおり、この時代は売春の最盛期でもあった。メゾン・クローズと呼ばれる政府公認の高級娼館のみならず、地方からやって来た女性が小売や縫製、洗濯といった仕事をしながら、アルバイトのような感覚で売春をすることも多かった。

また、宗教界でも大きな出来事があった。1854年、時の教皇ピウス9世は「聖母マリアは処女のままでキリストを懐妊した」ことを正式な教義として認めた。[*4] それにより聖母マリアへの信仰が新たに高まり、女性が性的に無知であることはひとつの価値になった。19世紀以前の結婚式では、女性はカラフルな服を着ることが多く、貧しい人は染めやすいからという理由で赤い服をよく着ていたが、この頃から純潔をあらわす白い服を着る習慣が広まった。[*5]

ブルジョアジー家庭の子女は修道院付きの寄宿舎に入れられ、官能を刺激することに興味

『女の一生』　典型的な貴族家庭の娘ジャンヌが修道院で教育を受けて結婚した後、浮気を繰り返す夫や金の無心をする息子のために身を削って老いる一生を描いた小説。初夜の前、ジャンヌは父親から「これからお前は夫のものになるのだ」と言いわたされる。性的に無知な彼女は何のことかわからないまま、夫から強姦に等しい扱いを受け、幻滅するというシーンが有名。

『谷間のゆり』　青年フェリックスは伯爵夫人アンリエットへ恋心を打ち明ける。アンリエットは彼を愛しているにもかかわらず、妻であり二人の子どもの母である義務からフェリックスを退ける。彼女は「快楽ってどういうものなの?」と自問するほど性的に無知な一生を送り、死の間際になってやっと、プラトニックな愛情でひた隠しにしていた、フェリックスに対する欲望を明かす。

を持たないように教育された。当時は風呂に入る際にも下着を着けたままで、自分の裸が湯水に映るのを見ないためにバスタブの中に粉を入れていた。さらに、結婚前に色恋にうつつを抜かさないように、刺繍などの集中力を要する単調な仕事に熱中するよう教育されていた。つまり、19世紀半ばの「まともな教育」を受けた女性は今でいう「おぼこ娘」だったのだ。

一方、男性にとっても結婚生活におけるセックスは子どもを作るためだけにするもので、それ以外でセックスをするには売春宿に通うのが一般的な時代だった。こうした19世紀の性的な厳格主義は、フランスだけのことではなかった。欧州各国、特にヴィクトリア王朝下のイギリスでも同様だった。

日本は1868年の明治維新から近代国家へと歩み始めた。明治維新には経済面・工業面で西欧諸国に学び追いつくこと、また、西欧諸国から侮蔑されないように生活習慣を矯正するという二つの目的があった。

こうした流れで、政府は国の風紀を正すために、いくつかの禁止令を発布した。それが第1章で述べた混浴禁止令や、春画販売禁止令だ。ただし、外国人は禁止法の対象にならなかったので、安価になった春画を〝爆買い〟した結果、フランス国立図書館の「地獄図書」(第3章参照)に膨大な数の春画が寄贈された。美術評論家エドモン・ド・ゴンクール(注)は、『日記』（1863年）の中で「（春画は）一見、猥褻なように見える。しかし、その独創性、荒々しい線、意外な組み合わせ、小道具の配置やポーズの奇抜さ、生殖器の色合いの精彩さを目の当たりにすると、もはや猥褻さの範疇を超えている」（拙訳）と、また、『歌麿』（1891年）の中では「陰茎のデッサンの力強い線は、ルーヴル美術館のミケランジェロ作とされるデッサンに比肩する」（拙訳）と絶賛した。[*6] 春画の自由なイマジネーションと遠近法にとらわれない大胆な構図は、西欧美術の歴史に新しい息を吹き込んだ。

注目したいのは、日本では開国とともに、このような、西欧の歴史のなかでもっとも風紀に厳しい時代のモラルが導入されたことである。

江戸時代には離婚や再婚は比較的自由だったが、欧米から一夫一婦制が取り入れられ、福沢諭吉の『修身要領』などにより「一夫一婦終身同室」が文明の名の下に広められた。かつては女性も恋愛を「遊び」として捉えていたが、西欧のブルジョアジー家庭の子女への教育がミッションスクール（キリスト教系の学校）を通して導入され、恋愛は下品なものという烙

エドモン・ド・ゴンクール　1822年生まれのフランスの作家・美術批評家。日本美術をフランスに紹介した第一人者。『歌麿』などを著作。1896年没。

印が押された。社会学者の上野千鶴子氏は『風俗 性』の中で「明治時代まで日本人には処女膜の存在は知られておらず、こだわってもいなかった。庶民の娘たちは性交渉を含む馴染みを複数の相手と重ね、その中から配偶者を選んだ」としている。[*7] 明治時代から、それまで誰も気にかけていなかった「処女性」[注]が女性の価値となったのだ。明治維新から150年が経った今、素人っぽさを売りにする女性アイドルが人気を集めることや、ミッションスクールが「お嬢さん学校」と捉えられていることは、そうした影響があるのだろうか。

ベル・エポックの繁栄とペッティングの始まり

フランス革命時に発布された「人権宣言」（1789年）の理念はすぐに反映されなかったと述べてきたが、しかしいっぽうで、緩やかだが確実に社会を変えていった。すべての階級の人々に「個人」という概念が徐々に浸透し、人々は親族や村といった共同体の意思よりも「私の幸福」を追求するようになっていった。また、家父長制的な秩序に対して、労働者、若者、女性たちが自由を主張し、労働運動やフェミニズム運動が相次いだ。

フランスの性風俗に決定的な変化が起きたのは、民衆の蜂起によって生まれたパリ・コミューン[注]などもありながら、ようやく政治体制が落ち着いた第三共和制（1870－1940）

下である。安定した政体が70年間続く、比較的平和な時期であったことからベル・エポック（良き時代）と呼ばれ、出版の自由、集会の自由、結社の自由といった民主主義的な政策が実現した。

共和派の政治家たちは「古臭い教会の教えは近代的精神の敵」と考えた。1881年、教育相ジュール・フェリーは「王も神もない社会を」と唱え、教育の場から聖職者を追放し、全国民に無償・無宗教の初等義務教育を保障した。これまで学校の壁にかけられていた十字架は取り外され、代わりに共和国を象徴する自由の女神マリアンヌが飾られた。教会は、これまで国民の教育を一手に引き受けることで人々のモラルに与えていた影響力を失った。さらに1905年、政教分離法が定められると財産を没収され、政治の場での発言権も失った。教会の怒りを買ったフランス政府は、カトリックの総本山である教皇庁と1924年まで外

処女性　下川耿史氏は『エロティック日本史』（幻冬舎）の中で「処女膜という言葉が初めて使われたのは緒方洪庵訳『扶氏経験遺訓』（1857年刊）」としている。
パリ・コミューン　1871年、普仏戦争の講和に反対したパリの労働者階級が中心になって蜂起し、成立させた世界初の社会主義政権。1871年3月18日から5月28日まで72日間続いたが、プロイセン軍の支援を受けた政府軍との激戦「血の一週間」を経て崩壊した。

『民衆を導く自由の女神（マリアンヌ）』ドラクロワ作

交断絶することになったものの、これらの改革は社会的秩序の統制に宗教が必要とされない、新しい時代の到来を意味した。

こうした時代背景もあって、人々の性に対する意識は少しずつ緩やかになっていった。１８８５年、モンタルバン医師が『若い夫婦のためのバイブル』を出版しベストセラーになった。「行為はゆっくりとした、優しい、密かなものでなくてはいけない」と書かれてあり、[*8]夫婦の間でも妻の快楽に対する配慮が芽生えた。１８９６年には、結婚するために親の承諾が必要なくなった。１９００年には、婚前交渉を経験した女性は15パーセントから20パーセントになったと言われている。[*9]

またこの頃、都会の富裕層の若者たちの間で、英語でフラート（Flirt）と呼ばれる風習が流行するようになった。これはイギリスやアメリカといったプロテスタントの国（カトリックの国と違い、結婚前の青少年に「節度ある男女交際」を認めていた）から輸入されたもので、見つめ合う、肌を触れ合う、手を強く握る、愛撫するといった行為だ。発明されたばかりの汽車や車のなかで、設置されたばかりのガス灯の淡い光のもとで、密かに、言葉少なに行われた。ブルジョアジーの間でテニスや自転車、海水浴といったスポーツが普及したことも女性の軽装化、恋愛の自由化に拍車をかけた。[*10]

１９０７年、後に人民戦線内閣の首相（現在の大統領に相当する）となる社会党の政治家レオン・ブルムは、『結婚について』を出版し、「国が性教育を施す」ことを提案した。[*11]「女性も色々なパートナーと婚前交渉をして、だれと性的な相性が合うかを見極めてから結婚した方が良い。男性は熟女と経験を積むべし。さもなければ、不幸なカップルが増え社会の悪化を招く」とまで言い、スキャンダルを巻き起こした。話し合いによる合意に基づく協議離婚が認められたのは１９７５年のことなので、当時はまだ、一度結婚したらどれだけ性的な相性が悪くても余程のことがない限り一生添い遂げなければならなかった。レオン・ブルムの主張にはそうした背景がある。

市民権を得たディープキス

さまざまな発明や消費文化の発展、ライフスタイルの変化が生まれた1920年代のフランスは「狂気の時代」と呼ばれる。この二つの世界大戦の合間に、恋愛結婚の風習が富裕層と中産階級に広がった。女性は肌をあらわにした服装をし、人前でタバコを吸うのが流行に。少年と年上の既婚女性との恋愛を描いたコレットの『青い麦』（1923年）、同じく婚約者のある女性と若者の間の恋愛をテーマにしたラディゲの『肉体の悪魔』（1923年）が出版された。ちなみに、公共の場でディープキスをするカップルを見るようになったのもこの時期である（それ以前の時代では1881年、道に面した窓を開けたまま家の中でディープキスをしていた人に、最高裁判所が猥褻罪の判決を下した例がある）[*12]。

いっぽうで、急速な時代の変化に困惑する人々も多かった。キリスト教系の雑誌には、宗教的モラルと社会の新しい自由な空気の間で板挟みになった信者による「妻と私は一緒にオルガスムに達せられず苦労しているのですが、生殖を目的としていない快楽は間違っていると神父様はおっしゃいます。どうすれば良いのでしょうか？」「もう子どもが5人もいて生活が苦しいのです。それでも避妊は神の望むところではないのでしょうか?」といった切実な投書が殺到した。[*13]

第二次世界大戦中、フランスはドイツに占領されていたが、１９４４年に連合軍のノルマンディー上陸によって解放されると、アメリカ由来の新しい風習が流行りだした。戦争直後の日本では「進駐軍の米兵が街娼と道でたわむれ、若者の風紀を乱す」という抗議の声から純潔教育(注)が流行ったが、それに対してフランスでは瞬《また》く間にリベラルな風紀へと変わった。フランス人が友人と挨拶するとき、子供の登校前や寝る前、そしてカップルは年中、キスをする習慣はこの頃から少しずつ広まった。

リベルタンの復活とさらなる女性の解放

戦後、風紀が自由になった結果、１９４９年に政府公認の売春宿メゾン・クローズは全面閉鎖となった。１９５０年代になると、半数の女性が結婚前にセックスを経験するようにな

純潔教育　戦後、風紀対策の一環として売春防止を推進することを目的とした国の政策。文部省は１９４７年から純潔教育委員会を発足させた。委員会は文部省官僚の他に、矯風会などの廃娼運動家やキリスト教の関係者などで構成された。

った。さらに1954年、女性によって書かれた初めてのポルノグラフィー『O嬢の物語』が出版され、翌年のドゥ・マゴ賞（先進的な作品に贈られる文学賞）を獲得した。

フランスの女の子がこれまで遊んでいた人形はお母さんのような姿をしているものだったが、1959年にドイツから輸入販売されたアメリカ生まれのバービー人形第一号は、シマウマ模様の水着を着たセクシーな女性だった。こうした妻でも母でもない自由な女性のイメージも、女性のライフスタイルに影響を及ぼした。[*14]

未だに女性は膝を見せることさえ「だらしない」と言われる時代だったが、1964年頃から、マリー・クワント（Mary Quant）やクレージュ（Courrèges）といったブランドのミニスカートが流行し、若い女性たちは眉をひそめる大人たちをものともせず「自由」のシンボルとして脚を見せて、街を闊歩するようになった。

フランスは1946年から1975年にかけて高度経済成長期を迎えたが、その後半は戦後のベビーブーム（1942－1946）の時期に生まれた子どもたちが若者に成長し、時代をリードした。人口の34・1パーセントが20歳未満という、若者がマジョリティーとなった社会である。社会を変革したいという彼らの強い欲求は、1968年に五月革命として結晶した。その流れで性の自由化も進み、1967年のピル解禁法採択、1975年の中絶合法化を経て「カップルはセックスして初めて成立する」という考えが定着した。

同時に、結婚に対する意識も変化した。１９７５年に協議離婚が可能になると、離婚の件数は倍増した。２００１年には嫡子と非嫡子の間の遺産の差もなくなったことで、事実婚が主流になった。[*15] 寿命が長くなり、一人の相手と一生を添い遂げるのが難しくなったこと、集団意識の解体と個人主義の広まりなどを背景に、教会が12世紀からモデルとして掲げていた終身一夫一婦制は崩壊した。そして、それに代わって「自分の欲望に正直に生きる」ライフスタイルが主流になった。

この時代の映画に、人妻が官能にめざめる様を描いて世界中でヒットした『エマニエル夫人』（１９７４年）、フランソワ・トリュフォーの作品『恋愛日記』（１９７７年）などがある。「私は年下としか寝ないの」という中年女性、誰かに見つかりそうな場所でしかセックスしたがらない既婚女性、グループセックスも辞さない女性たち……。ブリジット・バルドーやアンナ・カリーナといった、性に自由な女性を演じる女優がスターになった。

こうした文化とともに、結婚することや性的にうぶであることはダサくなり、18世紀のリベルタンのような恋愛や、快楽を求めるセックスが一般化した。セックスを楽しむことは、12世紀から20世紀にかけて人々のモラルを監督してきた宗教的権威から国民が奪い取った

「基本的人権」として認識されるようになった。こうした認識があるからこそ、フランスでは現在でも同性婚、代理母出産、売春規制、セクハラといった性にまつわる問題は、国民がデモをして意思表明し、選挙結果に大きく影響する政治テーマの一つなのである。

エイズ流行がセックスライフを変えた

前にも述べたが、フランスでは1980年代から90年代にかけて、エイズが流行した。フリーセックスの時代は終わり、「結婚はせずに、愛する相手となるべく長く、エロスのある情熱的な恋愛関係を持続させること」が主流の恋愛スタイルとなった。これは、結婚制度の枠外であることを条件として恋愛をしていた中世の騎士道恋愛（第2章第2節）に、セックスに関するモラルから解き放たれてあらゆる官能を追求しようという18世紀のリベルタン的思想（第3章第2節）がプラスされたモデルと捉えることができる。

こうした過程をたどって、現在のフランス人のセックスライフには次のような特徴が見られる。

・性の医療化が進み、男性機能の不調や女性の更年期がセックスの終わりを意味しなくなった。

・セックスレスの人が減少し、セックスライフに満足している人の数が増加した。

一番の変化は、女性側の満足度が上昇したことだろう。カップルの女性を対象とした統計では、セックスライフに満足している人は、1972年26パーセント、1992年51パーセント、2006年89・4パーセントと、確実に上昇していることがわかる。[*16]

男女間の社会的不平等がある程度解消されたことも、女性の満足度上昇と無関係ではないだろう。マスターベーション、フェラチオ、クンニリングスの経験があると回答する女性には高学歴、管理職、自由業が圧倒的に多いことからもわかるように、自立した女性ほど自分の欲望に正直である。男性側も女性の欲望を不快に感じたり、ドン引きすることなく、耳を傾けるようになった。

フィリップ・ブルノ氏という性科学医が書いた『フランス、男性のセックスと愛』『フランス、女性のセックスと愛』という本がある。フランスの国際カップル研究所がヘテロ（異性愛者）カップルの16歳から80歳の男性（平均43歳）2283人と、15歳から80歳の女性（平均35歳）3404人を対象に、2010年から2011年にかけてネット上で行ったアンケー

図表4-1　あなたにとって良いセックスに大切なことは?

	女性	男性
	(%)	(%)
ふたりだけで分かち合う時間をもつこと	80.1	60.0
自分がオルガスムに達すること	13.8	2.6
相手が喜んでくれること	5.8	36.6

(出所) Philippe BRENOT, *Les hommes, le sexe et l'amour,* Les Arènes, 2013, p.97.
Philippe BRENOT, *Les femmes, le sexe et l'amour,* Les Arènes, 2012, p.293.

トを基に、フランス人のセックスライフを臨床医の立場から分析している。[*17]

その中にある「あなたにとって良いセックスに大切なことは?」という質問に対する結果は次のようなものだ。「自分がオルガスムに達すること」と答える男性はわずか2・6パーセントで、相手の満足度を重視する割合は男性のほうが圧倒的に高い。そうなると当然、セックスライフに満足する女性は増える。ちなみにセックスの平均時間は30分から40分。そのうち約15分はペッティング(愛撫)で、56パーセントの男性がペッティングを「相手のためにしている」と答えている。

かつては「年増」や「行き遅れ」といったものが女性に対する最大の侮蔑語だったが、今は「セックスライフを満喫していない」ことを意味する「マルベゼ(mal baisée)」という言葉がそれにあたる。もはや結婚の有無は関係なく、性的な考え方や生活が成熟しているかどうかが人間的な魅力として考えられている証だろう。

ただし、性生活が自由になった分、人々の孤独感が深まっていることも見逃せない。以前は、お互いに何も言わず静かに50年暮らしたカップルもいただろう。だが今や、カップルでの日々はいつか終わるもので、おまけに「私は充実したカップル生活を送っているか。このセックスで満足しているのか」と、たえず何かに追い立てられるように自問しなければならず、気が抜けないのだ。これもまた、辛いものである。

2　フランスと日本におけるセックス事情の比較

セックスレスのカップルは1・9パーセント

私と夫の生活も30年近く経つが、「こんなことで続くのだろうか?」と思うこともしばしばである。数カ月ごとに大きな危機が訪れ、その都度、関係を築き直している。

私の両親は、見合い結婚をした結果、うまくいかなかったが、他の選択肢もないので世間的体裁のために一緒に暮らし続けた。いわゆる仮面夫婦だった。当然、性的な関係もまったくなかっただろう。「こういう家庭だけはつくりたくない」と心の底から思っていた頃、日本に旅行で来ていた夫に出会い、フランスで一緒に暮らしはじめた。

ここまでは「若気の至り」で済むが、大変だったのはその後のことだ。絶対に両親のような夫婦生活はしたくないと心に誓っていたとはいえ、フランスのカップルは常に男と女の関係を求める。これほど息の抜けない、シビアなものだとは思わなかった。

周りを見てみると、努力というほどではないが、みなそれぞれカップル間の調子に気を配っているようだ。「カップル」が「家族」と形を変え、空気のような関係性になることを恐れる。そうなってしまうと色気がないからだ。倦怠期が訪れたら「これはまずい、どうにかしなきゃ」と感じとり「最近、私たちなんかうまくいってないよね？」と相手とコミュニケーションをとって、関係を築き直すためのアクションを起こす。

こうしたときに、子どもを祖父母や友人に預けて、パートナーと二人で旅行するのはごく普通のことだ。

２０１６年7月の「ル・モンド」紙上に、子どもなしでバカンスをとるカップルに関する記事があった。それによると、フランス国鉄の統計では、子どもなしでバカンスをとったことがあるカップルは56パーセント。[*18] 心理学者が「『ママやパパには二人だけで過ごす時間も必要』と真実を伝えることで、子どもにも自立心が生まれる」とコメントしている。親は「パパとママ」であると同時に、セックスをする生身の男女でもあることを、幼少期から子どもに知らしめることで親子の間に線を引くのである。

そうした考え方もあって、統計によるとこの1年セックスをしていない人の大部分（女性82・9パーセント、男性88・5パーセント）は誰とも付き合っていない人であり、カップルにもかかわらずセックスレスの人はわずか1・9パーセント（女性の2・7パーセント、男性の1・1パーセント）にすぎない。[*19]

だが、セックスさえしていれば安泰かというと、そういうものでもない。私の友人バランチンは子ども二人が高校生、自分が50歳のとき、事実婚だったパートナーと別れた。一家が暮らす130平方メートルのアパルトマンからトランクひとつで出て行き、新しい住居が見つかるまでわずか9平方メートルの屋根裏部屋で3カ月間も我慢したのである。

「なんで別れるほど嫌になったの？」

と聞いてみると、

「私がいちばん気に入らなかったのは、セックスはしたがるくせに、普段一緒に歩くときに手をつないだり、肩を抱いてくれたりという、優しい仕草や愛情表現がなかったこと」

と言う。

前出のブルノ医師の統計では、「あなたたちはお互いに日常生活のなかでスキンシップをしていますか？」という質問に、53パーセントの男性と47・3パーセントの女性が「よくしている」と回答している。彼の診療経験と照らし合わせると「日常生活でスキンシップをしないカップルは離別予備軍」であるそうだ。手をつないで映画を観る、レストランで相手の膝に触れる、見つめ合う、そういう日常生活での何気ない仕草が、セックスしたい気持ちをザワザワと引き起こすのだから、とブルノ医師は言う。セックスレスは単に性欲の問題ではなく、パートナーに対する無関心の象徴、つまり危険信号として認識されるのだ。

また、別々のベッドで寝ることも危険の前兆とみなされる。カップルで生活する93・4パーセントの男性と90・8パーセントの女性が同じベッドで寝ている。それだけではない。約半数の人が、パジャマなどを着ないで裸で眠るのだ。古いフランス映画を観ていると、パジャマを着て毛糸の帽子を被ってベッドに入るシーンが出てくるのだが、それは暖房がなかった時代のことである。１９７０年代に性が解放されていってから、習慣は変わった。今や55・6パーセントの男性と44・4パーセントの女性が裸で寝ていて、何か着ている人もＴシャツ程度だ。[*20] もしパジャマを着るとしても、その下にパンツをはく人は珍しい。一緒に眠るということは、素肌を合わせることでもあるのだ。ブルノ医師によると「多くの女性は、一緒に眠って一緒に目覚めることをカップルのシンボルとして重要視している」のである。

しかし、日本の友人にこうした話をすると、呆れた顔で「どうしてそこまでするの？　そういう関係って疲れない?」と言われてしまう。あるいは「そういう関係はわからないな、うちは二人とも淡白だし」と、夫婦でそんな生活をすることは不潔と言わんばかりに返されたり、「他になんかやることないの?」と言われたり……。

でも、言わせてほしい。フランスでは結婚という制度に対して大きな反発があり、20世紀半ばからは二人の個人の自由な結びつきである事実婚が主流となった。以来、愛情表現としてのセックスやスキンシップ以外にカップルを規定するものがなくなってしまったのである。

逆に言えば、セックスは結婚という法的制度に付随する「生殖を目的とした義務」ではなく、二人の個人の間での「愛情の誓い」の象徴となったことで、愛情関係のメンテナンスとして捉えられるようになった。だから、病気でもないのにセックスレスになり、スキンシップもなくなり、さらに別のベッドで寝るようになれば「もう、私たちの間には何も起こらない、それなら別れてお互い他の相手を見つけましょう」ということになってしまうのだ。

私が「フランスのカップルの生活はシビアである」と言った意味をわかってもらえただろうか? この国では、カップルの在り方は、結婚、事実婚、別居婚、時々婚と十人十色。まさになんでもありだ。ただし、その関係は緊張したエロスのある、いわば「愛人関係」だ。面倒だからセックスレス、それでいて仲良く一緒に、静かに年をとろうなどといった考えは甘いのである。仮面夫婦のもとで育った私としては、恋愛感情を持たない相手と、子どもあるいは世間体のために惰性で暮らし続ける必要がなくなったことは、社会の大きな発展だと思う。もちろん、その代償も高く、フランスではカップルの３分の１（パリでは半分）が、別離の道をたどる。

子どもより男女の関係を優先

フランス人の「カップルに比べたら子どもは二の次」という態度を裏付ける統計がある。

１９５０年から１９６０年にかけては、「人生でいちばん大切なのは？」という問いに対して男女ともに、まずは「夫の仕事の成功」、それから「子どもの教育」、そして「家族のつながり」と答えていた。今、同じ質問に対する女性の答えは次のようになる。[*21]

カップル生活　51パーセント
家族　42パーセント
仕事　８パーセント
趣味　４パーセント

男性で「人生で一番大切なのはカップルの生活」と答える人は更に多く、なんと54パーセントだ。

そこまで重要視されているカップル生活だが、その基盤となるセックスライフの特徴を、ブルノ医師による前出の『フランス、男性のセックスと愛』（２０１３年）、『フランス、女性のセックスと愛』（２０１２年）に加えて、『フランス人の性調査――経験・性・健康』をもとに見てみたい。この調査は２００６年、エイズ予防の実態と性意識の変化を知るために、国立統計局が18歳から69歳までの１万２３６４人もの人々を対象にして行われ、２００８年に分析を含めて出版された。[*22] 電話で50分の匿名アンケートをとった統計をもとにしており、文書にして６０５ページにもなる。もちろん、このようなアンケートに対して人々がどれだけ真実を明かすかはわからないが、少なくとも多くの人がこうありたいと望むライフスタイルはわかると思う。

夫婦イコール「愛人」関係

「あなたは現在のパートナーに恋愛感情を抱いていますか？」というアンケートに対する女性側の返答は次のようになる。

恋愛感情を抱いている　58・5パーセント
以前とは違うが、それでも恋愛感情を抱いている　19・8パーセント
愛情をもっているが、恋愛関係ではない　15・8パーセント
愛していない　3・3パーセント

ブルノ医師は、男性は二元論的な「はい」「いいえ」の形での回答が多いことをふまえ、男性には「あなたは現在のパートナーに恋愛感情を抱いていますか？」という同じ問いに、「はい」か「いいえ」の二者択一で回答してもらっている。なんと結果は次のとおり。[*23]

はい　92・8パーセント
いいえ　6パーセント

今やカップルの平均寿命は13年しかなく、一生の間に別離や再婚を繰り返す人も多い。その反面、いったん一緒になったカップルは、少なくとももともに暮らす間は恋愛感情をベースにした関係を築く努力をしているようだ。

セックスが多く貞淑なカップル関係

「現在のパートナーと月に何回セックスをするか?」というアンケートの答えは次ページの**図表4-2**の通りだ。

「スゴイ!」と思われるだろうか? ただ、留意してほしいのは、ここでいうセックスとは「なんらかの性的興奮を含む行為」と定義されていることだ。もしかしたらキスだけだったかもしれない。

また、1980年代から1990年代にかけてエイズが流行して以降、カップルの間でだけ愛情を燃やし、貞淑に、なるべく長く一緒にいるというスタイルに変わったと前述したが、男性の80パーセント(若年層は88パーセント)と女性の86パーセントが「貞淑であることは重要」と答え、男性の60パーセント(若年層は71パーセント)が「愛情のないセックスは欺瞞」と答えている。[*24]

しかし、その反面、「パートナー以外の人とセックスをしたことがありますか?」という質問には男性の40・7パーセント、女性の47・6パーセントが「ある」と答えており、女性のほうが「不貞率」が高い。[*25]「男は愛情なしでもセックスできるが、女はそうはいかない」

図表4-2　今のパートナーと月に何回セックスしますか?

	女性 (回)	男性 (回)
18歳～19歳	10.8	13.7
20歳～24歳	11.7	12.3
25歳～34歳	10.0	10.4
35歳～44歳	9.1	8.9
45歳～54歳	7.8	8.0
55歳～69歳	6.5	6.4

（出所）Nathalie BAJOS/Michel BOZON, *Enquête sur la sexualité en France,* pratiques, genre et santé, La Découverte, 2008, p.325 Tableau 6.

図表4-3　あなたは自分のセックスライフに満足していますか?

	女性 (%)	男性 (%)
とても満足	44.1	33.8
まあまあ満足	40.3	45.6
あまり満足していない	8.8	13.1
不満足	6.6	7.1

（出所）Philippe BRENOT, *Les femmes, le sexe et l'amour,* Les Arènes,2012, p.293.

というイメージは、フランスにおいては関係ないようだ。

高いセックスライフ満足率

続いて、カップル生活をしている人を対象にした「あなたは自分のセックスライフに満足していますか?」というアンケートの結果は203ページの**図表4-3**の通りである。

ところが、「あなたのパートナーは、あなたがセックスに期待していることをよく知っていると思いますか」「カップルでお互いにセックスをする上でファンタズム(こんなプレイをしてみたいという性的妄想)について話し合ったことがありますか?」に対する答えは次ページの**図表4-4**、**図表4-5**の通りである。

セックス上でのファンタズムについてオープンに話し合うことのできない人たちが男女ともに約27パーセントいるようなので、ほんとうに過半数がセックスライフに満足しているかどうかは疑問だ。「カップルが、恋愛感情のあるエロティックな緊張関係を保ち続けるためには、お互いがセックスライフになにを期待しているか話し合うことは必至である」とブルノ医師は話している。こうした傾向は「彼にどうやってあなたのファンタズムを伝える?」「倦怠期になったらどうするか、8つの鍵」「セックスについて話し合おう、言っていいこと、

図表４-４　あなたのパートナーは、あなたがセックスに期待していることをよく知っていると思いますか?

	女 性	男 性
	(%)	(%)
は　い	64.5	59.0
いいえ	34.5	40.3

（出所）Philippe BRENOT, *Les femmes, le sexe et l'amour,* Les Arènes,2012, p.303.

図表４-５　カップルでお互いにセックスをする上でファンタズムについて話し合ったことがありますか?

	女 性	男 性
	(%)	(%)
は　い	71.2	70.4
いいえ	27.5	27.9

（出所）Philippe BRENOT, *Les femmes, le sexe et l'amour,* Les Arènes,2012, p.303.

悪いこと」といったタイトルの女性雑誌がキオスク（売店）に溢れていることからもわかる。

セックスレス大国・日本との比較

ところで日本はといえば、こちらも興味深いデータがある。一般社団法人日本家族計画協会の第７回「男女の生活と意識に関する調査」（２０１４年）によると、日本人カップルのセックスレス（44・６パーセント）のもっとも大きい理由は、男性は「仕事で疲れている」が21・３パーセント、女性は「面倒くさい」が23・８パーセントで他の項目を引き離している。[*26]

反対にフランスでは、前述したように、カップルで生活を営んでいるけれどもセックスレスという人は、1・9パーセントのみ。年代別には60代が9パーセント、50代が1・8パーセント、40代が0・3パーセント。[*27]その原因には、健康上の理由をあげる人が一番多くて68・3パーセント、その次がカップルの同居年数の長さ、子どもの存在、家事という順序である。[*28]

「年だから」という言い訳がなく、同居年数が理由にあがっているところに注目したい。フランス人のセックス寿命の長さは、一生を通じてパートナーを数回変えることや、離婚や再婚を繰り返すことにも由来するのだろう。

また、同居年数にかかわらず女性のセックスレスを助長する要素に、家事と育児がある。社会的な地位があがったにもかかわらず「家事をしているのはどちらかといえば自分」という女性は63パーセント（育児に関しても61パーセント）もいて、それが不満となり性欲が減退すると分析されている。[*29]

男性の場合は、職がないこと、つまり金銭的問題がセックスレスの主な原因の一つのようだ。日本男性の場合は「仕事で疲れている」ことがセックスレスの最大の理由なのだが、フランス男性は「仕事がない」からセックスレスになるようだ。

他にも特徴的なのは、セックスライフと教育の程度、社会的階層、価値観に深い関連性があることだ。健康にもかかわらずセックスレスの人は、性生活が活発な人々に比べて教育の程度が低く、カップルで暮らしていてセックスレスの人のうち、高等教育を受けた人は14パーセントのみだ。[*30] この辺りは、18世紀の「自由に思考できる人＝恋愛とセックスにも自由な人」という図式が生き続けているようだ。

ちなみに、日本家族計画協会の調査結果によると、日本人で結婚していてセックスレスの人の特徴は、「高年齢」「両親の離婚を経験していない」に加えて「高学歴」とあるから、フランスとは正反対だ。

3　「恋愛力」と「おひとりさま力」

フランス人は「死ぬまでセックス」する?

夫の幼馴染みの友人オリヴィエは熱心なカトリック教徒で、5人の子どもを育てあげた元銀行マン。60代後半で妻を亡くしてから1年間は一人で静かに暮らしていたが、そのうち「こんな辛気臭い生活は続けられない」と、恋人探しを始めた。そのためにわざわざ合唱クラブにまで入り、同世代のシングル女性3人にアタックするも玉砕。しかしその後、幼馴染みのシャンタルさんとバカンス先で再会し、恋人関係になった。

新しい恋人ができた報告のため我が家に来て、「やっとだよ、やっと彼女が見つかった!」と大喜びするオリヴィエに「それで、ちゃんとセックスしたの?」と夫が単刀直入に聞く。

「もちろん!」

はぁ、そうですか。極端な右派でおまけにカトリック教徒で、銀行で定年まで勤めあげた、孫が６人もいる70歳の男でも、新しい恋人とセックスするのか、と私は少し驚いた。そして、彼からシャンタルさんを紹介されて、もっとビックリした。ほんとうに「おばあちゃん」という感じの女性なのである。綺麗にはしているけれども、明らかに腰は曲がっているし……。

セックスを専門とする心理学者の友人に「フランス人は、普通何歳までセックスするんですか？」と聞いてみたところ、「人それぞれよ。今は健康な人ならば、女性は60歳から65歳、男性は70歳から75歳くらいまでセックスすることも普通にある」という答えが返ってきた。

カップルで暮らしている50歳以上の人々は、昔とくらべて性生活がより活発になってきているようだ。１９７０年代、50歳以上の既婚者のうち51パーセントの女性と38パーセントの男性が「この１年間セックスレスである」と回答していた。

ところが、２００６年の統計では50歳から69歳の健康なカップルで「この１年間セックスレスである」と回答しているのは女性の７・２パーセント、男性の２・３パーセントに過ぎない[*31]（２１０ページ、**図表４－６**）。１９７０年代から避妊用のピルが広まったことで、人々のセックスライフが大きく変化したと考えられている。

とりわけ熟年女性の間でセックスライフを楽しむ人が増えたことは、私も実感している。知人を見るだけでも、孫が数人いるような年齢で「新しい恋人ができた」と顔を輝かせる人

図表4-6　最近1年間セックスレスである人の割合の変化

	女性 (%)	男性 (%)
〔1970年代〕 50歳以上の既婚者	51.0	38.0
〔2006年〕 50歳から69歳のカップル	7.2	2.3

（出所）Nathalie BAJOS/Michel BOZON, *Enquête sur la sexualité en France,* pratiques, genre et santé, La Découverte,2008,p.337.

が年々増えているように思える。60パーセントの男性が「パートナーが年をとることは、性的欲望に影響を与えない」と考えているようだから、ほんとうは年齢なんてあまり関係ないのかもしれない。[*32]

愛し合うためのたゆまぬ努力

フランス人にとってはカップルの関係が人生でもっとも重要なものであるが、だからこそ関係改善への努力も不可欠だ。

心理療法士の友人マリーは最近、タオ・マッサージの資格を取得した。このタオ・マッサージとは中国で紀元前2500年頃から続き、1980年代にヨーロッパに導入されたマッサージだそうだ。「性的な力を取り戻す」ことが特徴であるため、マッサージは全裸で行う。2時間で160ユーロ（約2万8800円）する。私も体験したが、性感を高めるというよりは、性的満足に近い感覚を覚えた。

施術の前には、売春などと間違えられないように、電話でしっかりと心理学用語を使い内容を説明する。この段階で、危険な客や興味本位の客は排除できるそうだ。客の多くは、他の心理療法士から紹介されてきた人らしい。「お客さんはどんな人たちなの？」と聞いてみた。

「いろんな人が来るよ。共通しているのは、男性側がピストン運動をするだけのセックスではない何かを探していることだと思う。そのやり方だと飽きちゃうし、年をとったり病気になったりしたら、できなくなるかもしれないでしょ？　たとえばガンで化学療法を受けている人とそのパートナー、身体に障害がある人とそのパートナー、そういったカップルがお互いラブ・マッサージをしたいというケースもある」

「やっぱり熟年層が多いの？」

「大半はそうだね。でも今は、若い女の子も来る。雑誌で読んだとか、心理療法士から聞いたとかで。彼との関係を変えたい、いつも同じことじゃ嫌だ、新しい快楽を開発したいという理由でやってくる」

続いて、カップルで心理療法士をしているベルナール・アンドリューさんとジャニック・

ブロワンさんにも会った。夫婦二人で同時に、2対2で診断するのが特徴だ。こうすることで、相談に来るカップルがお互いの気持ちをすんなり理解できるというメリットがあるらしい。

お値段は2時間から3時間で150ユーロ（約1万9500円）。平均すると3週間おきに、関係が改善するまで5、6回通うカップルが多いそうだ。週末のスケジュールはびっしり埋まっているという。

「どういう目的で来る人が多いの？」と聞いてみたら、次のような答えが返ってきた。

「どちらかといえば『なぜ私たちはカップルなのか？どういう必要性があって一緒に暮らすのか？』という根本的な疑問から、私たちのところへ来る人たちが多い。40代、50代と一緒に暮らしてきたけれど問題が出てきたカップル、あるいは再婚したばかりだが初婚のときと同じ過ちは繰り返したくないと考えているカップル、もっと若い例では子どもが生まれてギクシャクしはじめたカップルとかかな」

どのカップルにも最初に教えることは、お互いの言葉に耳を澄ますテクニックだ。簡単なようだが、実際には20年、30年一緒に暮らしていても、お互いにとことん話し合い、相手の話を聞き尽くした経験を持つカップルは少ないそうだ。

「すぐ怒鳴り合いになったり、相手の話を遮《さえぎ》ってしまったり、気の弱いほうが黙って諦めたり。そして、それがパターンとして定着するのが普通でしょう?」

たしかにそうだ。そのため、あるトレーニングを宿題として出す。

「週に1回、お互いにとことん相手の言いたいことを聞く、二人だけの時間を作る。夕食の後、なんとなく話のついでに、というのはダメ。うまくいかないよ。携帯の電源を切って、電気を消してロウソクの光だけにしたり、お香をたいたり、日常とは違う雰囲気を作る演出が必要。そして、まずは片方が、相手に言いたいことを静かに、声を荒らげないで最後まで伝える。聞く側は絶対に口をはさまないで、相手の気がすむまで話してもらう。君もやってみるとわかるけど、びっくりするほど相手が望んでいること、不満に思っていることを知らないはずだよ」

結婚という法的制度の存在理由がなくなったことで、各々が「カップルってなに?」と、自分なりに答えを出すために自腹を切ってまでセラピーへ通う時代になった。もはや国も、制度も、宗教も、他に誰も「カップル」を定義してはくれないのだ。「結婚の制度が実質的に機能しなくなって、不安を抱えるカップルが増えたことはたしか」とベルナールは言う。

「熟年層はどこで出会うのか」問題

フランス人は熟年になっても盛んに恋をしているが、一体、そうした出会いはどこにあるのだろう？　日本では同窓会などが考えられるが、フランスではそれもあまり耳にしない。

そこで、周りに聞いてみた。

①　ナタリー（50代半ば　女性）の場合

子どもはもう35歳なので独立している。夫とは20年以上前に別れたものの、現在も親友として付き合いを続けている。数年前、20歳年下の彼氏と3年間同居したが「彼は子どもが欲しくて、若い彼女を見つけて去って行った」そうだ。

「シングルの生活は最高。でも、時々寂しくなることがあって、そういうときは一人でクラブへ行くの。一人で踊っていると、周りにいる20代後半から30代の男の子たちがお魚みたいに寄って来るんだ。私はその中から、一番可愛い子をお持ち帰りするの」と言う。フランスの若い男性は「経験ある年上女性」に対する憧れが強く、女性が熟年であることは必ずしもデメリットではないらしい。

「でも、一つだけ気をつけているのは、一晩だけっていうこと。もう、二度と誰かと一緒に暮らすのは嫌だから」と話す彼女は、孤独と引き換えにしてでも、自分の時間と空間を大切にするため、シングルでの生活を守り抜くつもりらしい。

② ジョスリン（70代　女性）とパトリス（70代　男性）の場合

ブルターニュの小島に住んでいるジョスリンは、テレビ局の技術部門で定年まで勤め上げた。一人息子は40代半ばで、3人の孫がいる。30年近くおひとりさま生活を満喫した末に、数年前から「このまま独居生活をして死ぬなんて絶対に嫌だ。この年でアクロバティックなセックスをしたいとは言わないけど、愛撫くらい交わす相手が欲しい」と言い出し、出会い系サイトに登録した。ちなみに、国立人口研究所（INED）が2016年2月に発表した「出会い系サイト・利用者は誰か？　パートナーを見つけるのは誰か？」という統計の結果によると[*33]熟年層は出会い系サイトにアクセスする数こそ少ないが、ゴールイン率がもっとも高い。

「見ず知らずの人とネットで出会うことは怖くないの？」とSNSに懐疑的な私に対して、彼女は言う。

「あら、そんなことないわよ。文章を読めば相手の知的レベルもある程度わかるし、結構嘘はつけないものよ。変な人と出会って困ったことになる前にフィルターを通せるのは、ネットならではのよいところよ」

彼女は出会い系サイトで知り合った4人と付き合った末、「自然と動物を大切にする人々、ベジタリアンや有機作物農家との出会いの場」といううたい文句の「愛と有機作物」という変わった名前の出会い系サイト（https://www.amours-bio.com/）で現在のパートナー、パトリスと出会った。

二人が急速に仲良くなったのは、２０１５年１月に起きたシャルリー・エブド襲撃事件のときだったという。パリで、イスラム教の預言者ムハンマドなどの風刺画を発表した「シャルリー・エブド」誌の編集部がアル・カイダ系のテロリストに襲撃され、表現の自由について国民の間で盛んに議論された時期だ。彼らも事件を機に表現の自由についてとことん話し合い、意気投合したそうだ。政治論議がある種〝国技〟ともいえるフランスらしい出会いだ。

現在、ジョスリンとパトリスは、お互いの住居は持ち続けながら、夏は海辺にあるジョスリンの家で、冬は都市部にあるパトリスの家で同居している。「いいなぁ」と羨ましがる私に、ジョスリンは「私はパートナーを探した。だから出会えたのよ。ボーっとして、出会いが上から落ちてくるのを待っていたわけではないのよ」と、自信たっぷりに返してきた。

③ アニー（60代　女性）の場合

30代の子ども2人と、11歳の孫がいる。5年前、38年間ともに暮らした夫と別れた。

「一緒にいる理由がわからなくなったのよ。プレゼントをくれるといった心遣いも無くなったし、バカンスですごく良い雰囲気の夜も、酒を飲んで一人でいびきをかいて寝ちゃうし……。ただの同居人に成り下がるのは我慢できなかった」

その後、フェイスブックで再会した大学時代の同級生と付き合うようになった。相手は結婚していて4人の子どもがいる。住んでいる地方が違うので、月に1回、数日間だけパリで一緒に過ごす。

「相手は結婚しているんでしょう？　嫉妬したり、罪悪感を持ったりはしない？」と聞くと、こう言われた。

「罪悪感？　全然ないよ。彼と妻の関係と、彼と私の関係は別だもの。嫉妬しようがないわよ。今は、私の人生の中で一番幸せな時期。年をとってはじめて、罪悪感や義務感、慣習や世間の目から解放されて自由になれた。だから今こそ楽しまなきゃ！」

④　ジョルジュ（65歳　男性）とサンドリン（60歳　女性）の場合

サンドリンは、娘が小学生だったときの担任教師ジョルジュと再会し、恋に落ちた。保守的な親の反対を押し切って30年間連れ添った夫と離婚したが、経済力のない夫と別れることは至難の業だったという。「自腹を切ってアパートを一つ買って、出て行ってもらった。それが手切れ金みたいなもの」だそうだ。今はジョルジュと同居しているが、娘がジョルジュと口をきいてくれないことが悩みの種らしい。

1900年、フランス人の平均寿命は45歳だった。[*34] 多くの女性が出産の際に亡くなり、カップルとしての平均寿命は15年だった。それが今では平均寿命が82歳。成人になってから死ぬまでに40年から60年もある。それなのにカップルの平均寿命はむしろ短くなって13年となった。一生で3回、4回と相手を変えることは当然ともいえる。カップルの関係が壊れることイコール人生の失敗ではない。早く立ち直って新しい相手、新しいカップルの形をみつける「恋愛力」が、いくつになっても求められる。

「おひとりさま」であることの大切さ

これまでさまざまなカップルを紹介してきたが、いっぽうで、フランスは「おひとりさま」の国でもある。

一人世帯の数は１９９０年代には人口の６パーセントだったが、２０１１年には15パーセントと確実に増えており、ユーロスタットというＥＵの統計担当部署の推定によると２０２５年には１０００万人を優に超える。[*35]

人間を中心に据えた16世紀のルネッサンス文化、神と個人の直接的な関係を唱えたプロテスタントによる宗教改革、農村生活から都市型生活への移行などを経て、18世紀から徐々に「個人の幸福」が「集団の利益」より優先されるようになった。そして20世紀半ばには自立していること、自由であることが大人になるための絶対条件となった結果、伝統的な家族の形は崩壊し、孤独と引き換えにしてでも自分の時間と空間を守りたいと考える人が増えた。

フランスではまず、すべての人間関係のベースとなる親子関係からしてシビアだ。親は高校を卒業した子どもに実家から出て行くよう容赦なく発破をかける。地方で暮らす場合は寄宿舎付きの高校に通う子どもも多いので、人によっては高校時代から親と離れることになる。決して子どもに対する愛情が深くないというわけではなく、お互いに自立しているほうが気持ちよい関係を築くことができると考えるからだ。余裕のある家庭なら「お金は援助するから、一人で住んだら？　そのほうが君のためだよ」と言うのが普通で、20歳を過ぎた子どもが実家にいるのは「困ったこと」として語られる。最近の日本には母と娘で買い物やお出かけをする「ままも族[注]」が多いそうだが、フランス人からすれば「気持ち悪い！」と一蹴されそうだ。

　年老いた親との関係も同様である。歩いて行ける距離の所に別々に住んで、買い物や洗濯を手伝うという話はよく聞くが、同居や二世代住宅で暮らすケースは稀だ。むしろ、親のほうが「子どもに迷惑をかけるくらいなら老人ホームに行く」と潔く去ることが多い。

　逆説的ではあるが、フランスでは「おひとりさま精神」が確立しているからこそ、誰かと一緒に過ごす「ドキドキする時間」を求める恋愛観が肥大したのではないだろうか？　前に述べたように、カップルの関係は女性のみならず男性にとっても、仕事より重要なものになっていることがその証だといえるだろうし、フランス人が「自由に恋愛してセックスする」権利を、奪取した歴史も影響している。「せっかく獲得した権利なのだから、行使しなければもったいない」という気持ちがあるのだろう。
もっとも、識者によれば、フランスでも日本と同様に若者の「草食化」が進んでいて、性的欲望障害（Les troubles du désir sexuel）という症状が問題になっているそうだ。２０１８年3月に発表されたユーロスタットの統計によれば、フランスの出生率は女性一人あたり1・92人。欧州連合国内では相変わらず1位だが、出生率そのものは２０１５年から3年連続で下がっている。[*36]
私のかかりつけの産婦人科医、定年間際のD先生は、
「セックスしない若者は増えているわよ。それでいて『先生、妊娠しないんですけど』って言いながら診察を受けにくる。個人的には、四六時中フェイスブックやツイッターで、他人とつながっている気分になるのもよくないと思う。そういう意味では、欲望を抱きにくい時代なのかもしれないわね。たとえば、お葬式に行った後とか、俄然セックスする気になったことはない？『人間はしょせん孤独で、人生はいつか終わる』っていうことを時々意識し直さないと、セックスなんてする気にならないのよ」

ままも族　「ママも一緒に」の意から、リクルートが命名した。

と言っている。

おひとりさまを全うできる力と恋愛力、二つは矛盾しているようでいて、案外コインの裏表なのかもしれない。

終章——セックスは誰のものか

#豚をチクれ！

フランスでは、2012年以来ツイッターがオピニオン発信に利用されるようになり、アメリカのフェミニズムの影響を受けたネオフェミニズムが発言力を強めている。

本書の冒頭で紹介したハーヴェイ・ワインスタインによるハリウッドでのセクハラ事件をきっかけに、アメリカを中心に「#MeToo」の運動が盛り上がったが、フランスでも「#BalanceTonPorc」（豚をチクれ）という同様のハッシュタグが話題になった。この「豚」とはもちろん、セクハラやレイプをする男たちのことである。女性たちはそれらに加え、男性よりも平均18・6パーセントも給料が低いこと[*1]、家事や育児の負担が大きいことなどに対する不満も含めて「もう花束なんていらないし、レディファーストやリップサービスでごまかさないで！」と怒りを爆発させた。このハッシュタグは2カ月で71万5000件ものメッセージ、6000本近い記事に使用された。[*2]

その影響か、最近は男性側が明らかに言動を自粛していると感じられる。

いつもは「奥さんは可愛いからおまけしちゃう！」と言っていた八百屋のおじさんも、すっかり静かになってしまった。いっぽうで、空手を習い始める女性の数はうなぎのぼりだそうだ。
友人たちとのディナーの席で「『#MeToo』運動についてどう思う?」と話題を振ると、空気が凍った。もはや、どんな男性がいつ「セクハラ男」「レイプ男」として、過去の軽々しい発言や行為を告発されるかわからない。セクハラとガラントリー、ナンパの線引きが難しいフランスでは、ほとんどの男性にそうした経験があるからだ。
しかし、それでもフランスはやっぱりアンモラルで、ポリティカルコレクトネスが根付かない国でもある。「#BalanceTonPorc」のハッシュタグが気に入らなかった人は、男性のみならず女性にも多い。70年代のセックス・シンボルだった元女優のブリジット・バルドーは、2018年1月17日の「パリ・マッチ」誌で「あの女優たちは自らプロデューサーに言い寄ったのに、それから『セクハラだ』と騒ぐのは売名行為だ」と言い、[3] 元スーパーモデルで女優のレティシア・カスタは、2018年1月11日の「コルスマタン」紙で「私は『#BalanceTonPorc』運動は嫌い。男性への憎悪を積極的に撒《ま》き散らしても、何も問題は解決しない。ミソジニー（女性嫌悪）を煽るだけ」とコメントした。[4]
1月9日には、往年の大女優カトリーヌ・ドヌーヴをはじめとした100人の女性が「#BalanceTonPorc」への反対宣言《しつこくナンパする自由を》を「ル・モンド」紙で発表し、世論を賑わせた。[*5]「たとえ少々執拗《しつよう》であっても、まずは男性が誘ってくれなくては、女性の側もイエスかノーをはっきりさせるという性的自由を行使できないのではないか。男女関係のグレーゾーンでは、時には危険なことも起きるかもしれないが、自分の選択に責任を持ってリアルな性を生きなければ、女性は自立できない」という趣旨である。

「#MeToo」運動の裏には反男性主義や、性的自由を抑圧するピューリタニズムが潜んでいるのではないか。また、法的な裁判なしにツイッターで実名を挙げて特定の男性を糾弾することは、「密告」して人民裁判にかけることであり、女性側にも過度な被害者意識があるのではないかと、批判の声を挙げた。また、この宣言はニューヨークのメトロポリタン美術館に所蔵されているバルテュスの作品『夢見るテレーズ』[注]の展示取り止め運動や、イギリスでエゴン・シーレ[注]展の裸体画ポスターの一部が修正されたことなど、欧州でも芸術分野に押し寄せる「風紀検閲」に対する問題提起でもあった。[*6]

世界中が「#MeToo」運動一色であるときに、こうした意見が女性の側から出るのは、右へならえが嫌いなフランスならではのことなのだろうか。カトリーヌ・ドヌーヴの宣言はすぐ世界中のメディアに取り上げられ、さまざまな反応があった。

ドイツの日刊紙「ディ・ヴェルト」では「性を抑圧する全体主義的な風潮に対するフラン

スの怒り」[*7]、アメリカの雑誌「ニューヨーカー」電子版では「ドヌーヴの宣言は性的暴行とセクハラを賛美している」[*8]、月刊誌「アトランティック」電子版では「フランスは『ナンパの道』といった本がよく売れ、金の話は下品とされるがセックスの話は堂々とする国」[*9]、といったところだ。

「デートでレイプ」「友達からレイプ」の実態

「#MeToo」運動の中で、職場でのセクハラに次いで多くの女性が言及したデートでのレイプ、友達によるレイプに焦点を当ててみたい。

ナポレオンの右腕だった外交官タレーランは「女性は、セックスを無理強いする男性を許すことはあるが、機会を逃す男は絶対に許さない」と言ったという。こんな言葉がいまだに

『夢見るテレーズ』　バルテュス（1908-2001）の作品。2018年末、約1万人が猥褻という理由で展示取り止め運動を起こし、美術館からの撤去を求めた。
エゴン・シーレ　1890年生まれのオーストリアの表現主義画家。1918年没。没後100年を記念した展示の裸体画ポスターが過激すぎるとされ、ロンドン地下鉄内に掲示されていたものが修正された。

引き合いにされるくらいだから、レイプとまでは言わなくとも「思い出したくないセックス」を体験している女性は多い。

2018年6月号の「マリ・クレール」誌に発表された、15歳以上の女性を対象とした調査によると、不本意なセックスを経験した女性は62パーセント、セックスを無理強いされたことのある女性は19パーセントいる。また、私の周りでも次のような話を聞いた。

① ナタリー（42歳）の場合

16歳の頃、夏休みに乗馬の講習会でブルターニュに行った。現地解散だったので、帰りは電車賃を節約するためにパリまで帰る大学生の車に乗せてもらった。パリから自宅までの終電を逃し、彼の家に泊まることに。ベッドは一つしかなく、当然のように押し倒された。真夜中のパリを歩いて帰りたくない上に、相手は高学歴でお金持ちの自信満々なタイプ。「嫌だ、そんなつもりじゃない」と言ったけれど無視され、高級住宅地だったので大声をあげることも憚られ、言いなりになってしまった。

② ダニエラ（50歳）の場合

学生のとき、大学の先生の家へ遊びに行った。恋人ではなく、ただ気に入っているだけだったが、一緒に飲んでいると突然押し倒された。抵抗したが「ガキだなぁ」と言われ、拒否できなかった。早く終わるのを待って、何事もなかったかのように「さようなら」と言って帰った。

２０１８年3月にテレビ局のフランス２で放映されたドキュメンタリー映画『私が同意しなかったセックス（Sexe sans Consentement）』（デルフィーヌ・ディリー監督）では、６人の女性が実名で顔を出し、友達からのレイプ、デートでのレイプについて語った。[*10]

彼女たちの証言に共通しているのは、次の三つである。

①　友達だと思っていたのに迫られた。
②　セックスするつもりはないと伝えようとしたが、相手は聞いてくれなかった。
③　大声をあげて騒ぐことはできなかった。

また、その理由は「一緒に食事して、奢ってもらった後だったから」「騒いでアパートの人たちを起こして警察を呼ぶほどのことではないと思ったから」「雰囲気を悪くしたくなかったから」「声が出なくなったから」「口にキスするのを拒んだのでわかってくれると思ったから」「力の強い人だったので拒んだら乱暴されると思ったから」とさまざまである。

男性側からは「酔ってセックスすることはよくある。そのほうがリラックスできるし、うまくいかなかったらどうしようか気にならないから」「セックスするときに『本当にOK?』とか、言葉で同意を確かめることはしたくない。興ざめする」「拒まれるとますますやる気が増す」「言葉で同意がなくても、視線でOKかどうかわかる。すべてはアイコンタクト」「同意はジェスチャーで表現するものじゃないの? 例えば、女性が前髪をかきあげたりするのは『私もしたい』っていうことでしょ」「家まで付いてきたら、OKに決まってるよ」などと、女性には驚きの声が聞こえてくる。

この映画に出てくる統計によると「セックスを無理強いされることに女性は快感を覚える」と考えるフランス人は男女合わせて21パーセントいる。「女性が嫌だと言うのは、本心はOKという意味」だと思っている男性は22パーセント、女性17パーセント。「男性に無理強いされて、女性はされるがままになった場合、それはレイプではない」と考える人は男女合わせて21パーセントもいる。いかに性的同意という概念が浸透していないかがわかる。

法律やアプリは信用できるか

ところで、アメリカにはこうしたデートレイプを防止するための「Yes to sex」というスマートフォン用アプリがある。男女が出会ってから一緒にお酒を飲み、手をつないで、キスをしてセックスにいたるまでの各ステップで、お互い本当に合意の上であることを「はい、私は合意しました」と録音し、もし事後にレイプだったと言われた場合、弁護士に提出することができる。オランダでも「Legal Fling」（正しいナンパ）という似たようなアプリがあり、こちらではコンドームを着けるか、ビデオで撮影していいか、言葉責めをしていいか、ＳＭプレイはＯＫかなどすべての記録を残すことができる。

また、スウェーデンではパートナーが「はい、私もあなたとしたいです」という積極的な同意が表明された上でのセックスでなければ違法とする「性行為に関する同意法案」が２０１８年５月22日に国会で可決、７月１日から発効された。[*11]

しかし、プライベートな男女関係におけるセックスは謎や不可解なことに満ちていることも事実だ。２０１８年６月号の「マリ・クレール」誌の「初めての夜、欲望、性的同意、女性が望むこと」という記事の中で、２０００年にフランスで初めて大規模な「女性に対する暴力」の調査をコーディネートした社会学者マリス・ジャスパール氏は「関係が始まる前から Oui《イエス》は Oui、Non《ノー》は Non と明確にできるだなんて、人生経験の少ない若者が考えること。人生は望むことばかりが起きるわけではない」と語っている。[*12]

すべての人間関係は予測不能なグレーゾーンにある。ゼロリスクはありえない。その上、セックスとは、権力意識や刷り込み、コンプレックス、優越感、性的妄想などが身体を通して無意識に交わる複雑な行為である。

絶対的な平等や完全な同意を、そこで事が始まる前から求められるかは甚だ疑問である。最初から「完全な同意」がある「絶対的に平等」なセックスが、実は寝てしまいたくなるほどつまらないものだったこともあれば、初めはそんなに乗り気ではなかったけど、結局は幸せに終わるセックスもあるかもしれない。

人生は生きてみなければわからない。

これまで、カトリック教会が性をいかに厳しく監督していたかについて書いてきたが、実際に社会の下層部、民衆の間にも性的な禁忌の概念が浸透し始めたのは、反宗教改革が起きた17世紀以降のことである。それまでは各共同体ごとに、教会権力の監督の目をかすめて、結婚前の若者が異性との性的なコミュニケーションを学ぶ仕組みがあった。有名なのはヴァンデ地方の農村で行われていた「マレシナージュ」という、15歳以上の結婚前の男女がグループでデートをし、女性を妊娠させない約束のもとでペッティングを学ぶしきたりだ。コルシカ島やピレネー山脈の奥深い村落でも、このような慣習が教会の弾圧を免れ、20世紀初頭まで存続した。*13

また、日本はより性的に解放されていた。16世紀に日本を訪れたカトリック宣教師ルイス・フロイス（1532-1597）は『ヨーロッパ文化と日本文化』の中で、

ヨーロッパでは未婚の女性の最高の栄誉と尊さは、貞操であり、またその純潔が犯されない貞潔さである。日本の女性は処女の純潔を少しも重んじない。それを欠いても、名誉も失わなければ、結婚もできる。

ヨーロッパでは、妻を離別することは罪悪である上に、最大の不名誉である。日本では意のままに幾人でも離別する。妻はそのことによって名誉も失わないし、また結婚できる。

ヨーロッパでは娘や処女を閉じ込めておくことはきわめて大事なことで厳格に行われる。日本では娘たちは両親に断りもしないで、一日でも幾日でも、一人で好きな所へ出かける。

ヨーロッパでは妻は夫の許可が無くては、家から外へ出ない。日本の女性は夫に知らせず、好きな所へ行く自由をもっている。

と書いており、[*14] 当時の日本女性の性的自由に驚いている。

農村や漁村では夜這いの習慣が昭和初期まで続いていたところもあった。自ら夜這いの経験がある赤松啓介氏によるリアリティ溢れる『夜這いの民俗学・夜這いの性愛論』には、

大きく分類すると、ムラの女なら、みんな夜這いして良いのと、夜這いするのは未婚の女に限るところがある。つまり、娘はもとより、嫁、嬶、婆さんまで、夜這いできるのと、独身の娘、後家、女中、子守でないとできないムラとがある。また、自分のムラの

男だけでなく、他のムラの男でも自由に夜這いにきてよいムラと、自分のムラの男に限り、他村の男は拒否したムラとがある。

とある。[*15] こうして若者はセックスに関して、時と場合と相手をわきまえること、空気を読むこと、ある条件でなら不倫も許容されることなどを自然と学んで大人になったのではないだろうか。だが、こうした文化はもう存在しないのだ。

その結果、今ではセックスの枠組みを作るために法律とマニュアル、アプリに頼らざるを得なくなってきている。

しかし、本当にそれでいいのか？　法制度がプライベートな領域に侵入することを、諸手《もろて》を挙げて受け入れていいものだろうか。少なくとも私は、国も司法もアプリもそこまで信頼できないのだが……。

第二次世界大戦中、フランスは１９４０年６月に、ナチス・ドイツに降伏した。休戦条約が結ばれ、北部はドイツの占領下に、南部は親独政府ヴィシー政権下に置かれた。レジスタンス（ドイツに対する抵抗運動）をする人々もいれば、ユダヤ人を密告して対独協力をする人々もいて、それぞれが生き延びるのに必死な時代だった。その後、１９４４年６月、ノルマンディーに連合軍が上陸しドイツが撤退するやいなや、各地でドイツ兵と恋愛関係にあった女性が衆人の前で坊主刈りにされる事件が起きた。ドイツ兵との間に生まれた赤ちゃんを抱きながら髪を切られる、あるいは全裸で引き回された女性さえいる。その中には、対独協力したという嫌疑をかけられた女性もいたかもしれない。しかし、ただ無邪気に、敵味方なく一人の男性を愛しただけの女性も多くいたに違いない。

このおぞましい出来事を、今なお記憶している人は多い。私と同じアパートに住む80歳過ぎの女性は「パリの5区で坊主頭にされた女性たちが、群衆に罵倒され、唾を吐きかけられながら歩かされていたのを憶えている。今でも夢に見て、汗をびっしょりかいて飛び起きる」と言う。こうした記憶は、ツイッターでつぶやくことを「密告」と捉える人がいること、恋愛やセックスに法や政治が介入することに懐疑的な人が多いことの理由の一つなのかもしれない。

憎むべきは男性ではなくシステム

ハリウッドのセクハラ事件から6カ月が経った今、フランスでは男性へのバッシングもだんだん弱まってきた。「『#MeToo』が意識を変革し、男性の自覚を推進したのはよかった。

でも、何もかも法では解決できない。それよりも市民教育が大切だ」という意見が主流になってきている。[*16]

それでは、いったい何を教育すれば良いのだろうか？

コレージュ・ド・フランス教授の人類学者フランソワーズ・エリティエ(注)は、男性支配的な社会の成り立ちに関して、次のような仮説を立てている。[*17]

人類の初め、男性は、女性だけが出産すること、それも自分のコピーである女の子だけでなく男の子も出産する能力があることに気づいたとき、子孫を維持するために女性を「自分のモノ」として所有した。近親相姦はＮＧなので、他の家族の男性の姉妹と自分の姉妹を交換した。同時に、まだ共同体の構成員が少数でヨコの関係が少なく、親と子というタテの関係が強力だったことから、人間は「大・小」「上・下」「高・低」「外・内」「能動的・受動的」「公的・私的」といった二元的な上下関係でしか世界を捉えることができず、その中で、所有する側の男性は優れ、所有される側の女性は劣っていると考えられるようになり、そう

フランソワーズ・エリティエ　１９３３年生まれのフランスの人類学者。レヴィ・ストロースの後を継いでコレージュ・ド・フランス教授を務め、男女の差異について多くの著作を残した。２０１７年没。

した考え方が神話や宗教を通してイデオロギーとして言説化、伝播された。

通常、男性支配の理由は、人類誕生以来、男性の方が身体が大きく体力があったからだと考えられがちだ。しかし、エリティエは、身体・体力の差ですら、後になってできたもの、つまり差別の結果ではないかと主張する。旧石器時代初頭の男女の体型に大差はなかったが、食物に違いがあったことが研究からわかっており、狩猟採集社会の中で、男性はたんぱく質を、女性はその残り物とでんぷんを中心とした食生活を続けた結果、ネアンデルタール人が出現した中期旧石器時代から、男性のほうが女性より大きく筋肉質な身体になった。つまり、「男＝優」「女性＝劣」というイデオロギーが、女性に対する食料制限によって身体上の差となって現れたということだ[*18]。

先史時代から今日まで、男性による支配が私たちの頭の中に刷り込まれてきたという仮説が真実であるならば、私たちが男尊女卑の考え方から逃れることは、並大抵の努力ではできないだろう。

女性からしてこのような考えに染まっていることも多々ある。

私が若かった頃、友人だと思っていた男性を家に泊めたところ、急に襲ってきた。もみ合いになったのだが、一瞬「もういいや、大したことじゃない、後でなかったことにすればいいい」という思いがよぎった。

この「大したことじゃない」という自分の言葉はなんだったのだろう？　と、今も時々考える。「どうせ、女性の価値はこんなもの」「女性はこういう目にあって当然なんだ」という、それこそ先史時代から刷り込まれてきた、私の深層心理にある男尊女卑の考え方だったのではないだろうか？　他にも、高収入・高学歴の男性と結婚したがる女性や、息子に「男の子なんだから泣いちゃダメ」と言う母親、出世しない夫をなじる妻といった例も同様だといえるだろう。

そして男性もまた、男性支配主義の犠牲になっている。「男らしさ」の規範から外れる男性は社会から蹴落とされ、欧米社会でホモセクシャルは差別され、ホームレスは非人間的な労働環境で日銭を稼ぎ、難民は路頭に迷う。エリートであっても上昇思考に煽られ、やがてバーンアウト（燃え尽き）する。男性支配主義は非効率な物事を排除する論理だから、男性にとっても生き辛いだろう。憎むべきはこうしたシステムであって、男性そのものではない。

男性も女性もともに、こうしたシステムの犠牲になっていることをよく理解した上で、子どもたちに「男らしさ」「女らしさ」がいかに有害であるかを話してみたらどうだろうか？　大人も、恋愛関係やセックスについて考え直してみるべきではないだろうか。

愛情と支配を混同したことはないか。相手の欲望に耳を澄ましているか。

「#MeToo」後のフランスでは「女性も自分が望むセックスをイメージして、相手にはっきり伝えよう。自分の欲望を表明できるようになれば、ノーもはっきり言えるようになる」と盛んに言われるようになった。たしかに、自分で何も語らず無反応のままでいるのに、相手に「支配するな」とだけ言うのはズルい。

「性」は私たちのもの、その字の由来どおり「生きる心」である。「無理強いはNG」「性的未成年とはNG」といった最低限の枠組みは理解する必要があるが、それ以上は、お上にもマニュアルにも、ましてやメディアにもアプリにも指図されたくないと私は思うのだ。

グレーゾーンはグレーだからこそ、各人が自分とパートナーに対して責任を持って行動すれば自由な領域にもなり得る。その「自由」は私たちが権力や体制と戦って獲得したものなのだから、とことん大切にしたいと思う。

謝辞

この本を書くにあたって多くの人々にご尽力いただきました。

ざっくばらんに個人的な話を聞かせてくれたフランス人の友人たち、そして、それぞれの専門分野でご教示くださった国際ジャーナリスト連盟（ＩＦＪ）東京事務所代表の奥田良胤さん、高橋祐司さん、人材育成支援を手がける（株）Ｆｅｅｌｗｏｒｋｓ代表取締役の前川孝雄さん、スウェーデン在住ジャーナリストの矢作ルンドベリ智恵子さんに心よりお礼を申し上げます。

また、生原稿に何度も目を通して構成に協力してくださった今井佐緒里さん、執筆の最初から最後まで応援してくれた友人の高橋貴子さん、そしてまったくの初心者だった私に示唆に富んだ多くのアドバイスをくださった光文社の樋口健さんと高橋恒星さんにはただただ感謝あるのみです。本当にありがとうございました。

２０１８年７月

プラド夏樹

dd8bBO

＊12 Marie Claire, Juin.2018, p.132

＊13 Pierre BÉRARD, Le sexe entre tradition et modernité, XVIe~XVIIIe, Cahiers internationaux de Sociologie, Vol.LXXVI, 1984, p.141

＊14 ルイス・フロイス、岡田章雄訳注『ヨーロッパ文化と日本文化』岩波書店〈岩波文庫〉、2016年、［キンドル版］第二章　女性とその風貌、風習について

＊15 赤松啓介『夜這いの民俗学・夜這いの性愛論』筑摩書房〈筑摩eブックス〉、2014年、［キンドル版］8章　夜這い（3）村ごとの慣習

＊16 http://www.liberation.fr/france/2017/10/26/balancetonporc-maryse-jaspard-il-faut-lutter-contre-les-pseudo-valeurs-masculines-liees-a-la-virilit_1606015

＊17 Françoise HÉRITIER, Masculin / Féminin I. La pensée de la différence, Odile Jacob, 1996 ; rééd. 2002.
Françoise HÉRITIER, Libération, supplément Femmes et pouvoir, 10.04. 2007, page 56.
https://www.lemonde.fr/societe/article/2017/11/05/francoise-heritier-j-ai-toujours-dit-a-mes-etudiantes-osez-foncez_5210397_3224.html

＊18 Priscille TOURAILLE, Hommes Grands, Femmes Petites : Une Évolution Coûteuse-Les régimes de genre comme force sélective de l’ évolution biologique, Maison des Sciences de l’ Homme, 2008, p.441
Véronique KLEINER, Pourquoi les femmes sont-elles plus petites que les hommes?, Arte France, Point du Jour, Picta Productions, CNRS images, CNDP
Olivia GAZALÉ, Le Mythe De La Virilité-Enquête philosophique sur la construction des sexes, broché, 2017, p.48

＊30　同上, p.350
＊31　同上, p.337
＊32　Philippe BRENOT, Inventer Le Couple, Odile Jacob, 2004, p.329
＊33　https://www.ined.fr/fichier/s_rubrique/25008/population.societes.530.site.rencontres.conjoint.fr.pdf
＊34　http://www.ined.fr/fr/tout-savoir-population/graphiques-cartes/graphiques-interpretes/esperance-vie-france/
＊35　https://www.lemonde.fr/vous/article/2012/02/14/le-nombre-de-francais-vivant-seuls-a-augmente-de-50-depuis-1990_1643365_3238.html
＊36　http://ec.europa.eu/eurostat/documents/2995521/8774306/3-28032018-AP-FR.pdf/9263c8cb-abea-43f1-87de-dea6d9be562e

◎終章◎
＊1　https://www.inegalites.fr/Les-inegalites-de-salaires-entre-les-femmes-et-les-hommes-etat-des-lieux?id_mot=104
＊2　http://www.lefigaro.fr/actualite-france/2017/10/16/01016-20171016ARTFIG00299-le-hashtag-balancetonporc-pousse-des-hommes-a-s-interroger-sur-leur-attitude.php
https://www.lemonde.fr/idees/article/2017/12/30/sandra-muller-la-blague-lourdingue-cet-argument-qui-excuse-tout_5235930_3232.html
＊3　http://www.parismatch.com/People/Son-combat-pour-les-animaux-le-harcelement-sexuel-son-cancer-Brigitte-Bardot-nous-dit-tout-1440152
＊4　https://www.corsematin.com/article/article/je-ne-suis-pas-une-feministe-je-suis-une-femme-la-comedienne-et-mannequin-laetitia-c
＊5　https://www.lemonde.fr/idees/article/2018/01/09/nous-defendons-une-liberte-d-importuner-indispensable-a-la-liberte-sexuelle_5239134_3232.html
＊6　http://www.afpbb.com/articles/-/3154396
https://www.rts.ch/info/culture/arts-visuels/9097168-les-affiches-du-peintre-egon-schiele-censurees-dans-plusieurs-villes.html
＊7　https://www.courrierinternational.com/article/vu-de-letranger-liberte-dimportuner-seule-la-france-pouvait-sattaquer-metoo
＊8　https://www.newyorker.com/news/daily-comment/why-did-catherine-deneuve-and-other-prominent-frenchwomen-denounce-metoo
＊9　https://www.theatlantic.com/international/archive/2017/10/the-weinstein-scandal-seen-from-france/543315/
＊10　http://www.telerama.fr/television/regardez-en-replay-sexe-sans-consentement,-reflexion-sur-la-zone-grise,n5519629.php
＊11　https://www.thelocal.se/20171218/swedish-pm-backs-new-sexual-consent-law
https://omni.se/klart-for-ny-samtyckeslag-borjar-galla-den-1-juli/a/

Edmond de GONCOURT, Outamaro ; Le Peintre Des Maisons Vertes, Charpentier, 1891, p.134
＊7 小木新造校注、熊倉功夫校注、上野千鶴子校注『日本近代思想体系　風俗 性』岩波書店、1990 年、p.528
＊8 Dr. Charles. MONTALBAN, La Petite Bible Des Jeunes Époux, 1885
＊9 Anne-marie SOHN, La Fabrique Des Garçons-L'éducation des garçons de 1820 à Aujourd'hui, Relié, 2015, p.82
＊10 Philippe ARIÈS / Georges DUBY, Histoire De La Vie Privée, Tome IV, De la Révolution à La Grande Guerre, Seuil, 2000, p.546
＊11 Léon BLUM, Du Mariage, 1907 ; rééd. Albin Michel,1990
＊12 https://juricaf.org/arret/FRANCE-COURDECASSATION-18810428-JURITEXT000007052989
＊13 Martine SEVEGRAND, L' Amour En Toutes Lettres-Questions à l' abbé Viollet sur la sexualité, 1924-1943, Brochet, 1996
＊14 Françoise THÉBAUD, La Fabrique Des Filles-L'éducation des Filles de Jules Ferry à la pilule, Relié, 2010, p.145
＊15 Philippe BRENOT, Inventer Le Couple, Odile Jacob, 2004
＊16 Nathalie BAJOS / Michel BOZON, Enquête Sur La Sexualité En France-Pratiques, genre et santé, La Découverte, 2008, p.563
＊17 Philippe BRENOT, Les Hommes, Le Sexe Et L' Amour, Marabout, 2013
Philippe BRENOT, Les Femmes, Le Sexe Et L' Amour, Les Arènes, 2012
＊18 https://www.lemonde.fr/m-perso/article/2016/07/15/larguer-les-amarres-et-les-enfants_4970206_4497916.html
＊19 Nathalie BAJOS / Michel BOZON, Enquête Sur La Sexualité En France-Pratiques, genre et santé, La Découverte, 2008, p.335, p.354
＊20 Philippe BRENOT, Les Femmes, Le Sexe et L' Amour, Les Arènes, 2012, p.300
＊21 同上 , p.215
＊22 Nathalie BAJOS / Michel BOZON. Enquête Sur La Sexualité en France-Pratiques, genre et santé, La Découverte, 2008
＊23 Philippe BRENOT, Les Hommes, Le Sexe Et L' Amour, Marabout, 2013, p.457
＊24 同上 , p.264
＊25 同上 , p.458
Philippe BRENOT, Les Femmes, Le Sexe Et L' Amour, Les Arènes, 2012, p.307
＊26 http://www.jfpa.or.jp/paper/main/000047.html
＊27 Nathalie BAJOS / Michel BOZON, Enquête Sur La Sexualité En France-Pratiques, genre et santé, La Découverte, 2008, A1 p.354
＊28 同上 , p.349, p.413
＊29 同上 , p.425, p.559

persanes/Lettre_55
＊22 Les lumieres, Philosophie magazine hors-série, Fevrier 2017, p.69
http://xn--encyclopdie-ibb.eu/index.php/non-classifie/1843790845-logique/grammaire-morale/1131032750-INCONSTANCE
＊23 Denis DIDEROT, Madame de La Carlière, 1773
＊24 Denis DIDEROT, Les Bijoux Indiscrets, 1748
＊25 Voltaire, La Pucelle D' Orléans, 1752
＊26 Jean-Jacques PAUVERT, La Littérature Érotique, Flammarion,2000, p.74
＊27 Thérèse Philosophe, 1749
＊28 Jean-Jacques PAUVERT, Anthologie Historique Des Lectures Érotiques, Stock, 1995, p.603
＊29 同上 , p.657
＊30 Georges VIGARELLO / Alain CORBIN / Jean-jacques COURTINE, Histoire Du Corps, Tome I, De la Renaissance aux Lumières, broché, 2005, p.191
＊31 Fureurs Utérines De Marie-Antoinette, 1791
＊32 Bordel Royal, Suivi D'Un Entretien Secret Entre La Reine Et Le Cardinal, 1789
＊33 Honoré Gabriel Riqueti de MIRABEAU, Le Rideau Levé Ou L'éducation De Laure, 1786
＊34 Louis Antoine Léon de SAINT-JUST, Organt, 1787
＊35 http://www.bnf.fr/documents/dp_enfer.pdf
＊36 Alphonse Donatiem Fransois SADE, Histoire De Juliette, Ou Les Prospérités Du Vice, 1801
＊37 澁澤龍彦『サド侯爵の生涯』中央公論社〈中公文庫〉、1983 年、p.61
マルキ・ド・サド、澁澤龍彦訳『悪徳の栄え』現代思潮社、1959 年、p.331
＊38 ホルクハイマー・アドルノ、徳永恂訳『啓蒙の弁証法』岩波書店〈岩波文庫〉、2007 年

◎第 4 章◎
＊ 1 澁澤龍彦『サド侯爵の生涯』中央公論社〈中公文庫〉、1983 年、p.289
＊ 2 Philippe ARIÈS / Georges DUBY, Histoire De La Vie Privée, Tome IV, De la Révolution à la Grande Guerre, Seuil, 2000, p.125
＊ 3 Georges DUBY / Michelle PERROT, Hisotire Des Femmes En Occident, Tome IV, Le XIXe Siècle, Perrin, 2002, p.407
＊ 4 Sylvie BARNAY, La Vierge, 2000, Gallimard, 2000, p.98
＊ 5 Philippe BRENOT, Sex Story, Les Arènes, 2016
http://www.lexpress.fr/culture/livre/2-le-rouge-c-est-le-feu-et-le-sang-l-amour-et-l-enfer_819788.html
＊ 6 Edmond de GONCOURT, Journal ; Mémoires De La Vie Littéraire, Laffont vol.1, 1989, p.1013

＊6 http://www.lefigaro.fr/livres/2015/01/22/03005-20150122ARTFIG00353-valerie-trierweiler-en-tete-des-ventes-merci-pour-vos-achats.php

＊7 http://www.huffingtonpost.fr/2014/12/04/livre-valerie-trierweiler-gagne-beaucoup-paye-cher-promotion-sondage-yougov_n_6262362.html

＊8 http://www.20minutes.fr/politique/1827107-20160415-paris-match-emmanuel-macron-parle-betise

＊9 http://www.acpm.fr/Chiffres/Diffusion/La-Presse-Payante/Presse-Magazine

＊10 https://www.lemonde.fr/m-amour-consequences/article/2016/01/17/high-in-fidelity-apres-le-coq-francais-le-cocu-francais_4848674_4497959.html

＊11 http://www.pewresearch.org/fact-tank/2014/01/14/french-more-accepting-of-infidelity-than-people-in-other-countries/

＊12 Mgr Emmanuel GOBILLIARD / Thérèse HARGOT / Arthur HERLIN, Aime et ce que tu veux, fais-le!, Albin Michel, 2018

＊13 Jacques LE GOFF, Le Refus Du Plaisir-Amour et sexualité en occident, Seuil, 1991, p.182
https://www.lemonde.fr/idees/article/2017/02/16/olivier-bobineau-au-seminaire-evoquer-une-attirance-pour-les-enfants-est-impossible_5080837_3232.html

＊14 Carla CASAGRANDE/ Silvana VECCHIO, Histoire Des Péchés Capitaux Au Moyen-Âge, Aubier, 2003

＊15 Le Monde Histoire & Civilisations no.15, Mars 2016, p.57
Jacques ROSSIAUD, Sexualités Au Moyen Age, Jean-Paul Gisserot, 2012
Jacques LE GOFF, Le Refus Du Plaisir-Amour et sexualité en occident, Seuil, 1991, p.186
http://next.liberation.fr/sexe/2013/04/01/la-sexualite-medievale-enfin-deniaisee_892868

＊16 Jacques LE GOFF, Le Refus Du Plaisir-Amour et sexualité en occident, Seuil, 1991

＊17 François GAGNON, Le Corrector Sive Medicus De Burchard De Worms（1000-1025）: Présentation, traduction et commentaire ethno-historique, Mémoire de l' Université de Montréal, 2010
p.104-151 https://papyrus.bib.umontreal.ca/xmlui/handle/1866/4915

＊18 岡崎勝世『科学 vs. キリスト教　世界史の転換』講談社〈講談社現代新書〉、2013 年、［キンドル版］第一章　科学革命と普遍史の危機

＊19 Didier FOUCAULT, Histoire Du Libertinage, Perrin, 2007, p.476

＊20 Élisabeth BADINTER, Madame du Châtelet, Madame d' Épinay ou L' Ambition Féminine Au XVIIIE SIÈCLE, 2006

＊21 Montesquieu, Lettres Persanes, 1721, Texte établi par André Lefèvre, A. Lemerre, 1873, LETTRE LV. https://fr.wikisource.org/wiki/Lettres_

＊21　Valéry GISCARD D' ESTAING, La Princesse Et Le Prèsident, Fallois, 2009
＊22　Bruno LE MAIRE, Le Ministre, Grasset & Fasquelle, 2004
＊23　http://www.vox.com/2014/12/16/7397447/this-quote-shows-why-diplomacy-is-still-a-boys-cl
＊24　http://www.slate.fr/story/95863/arauc-powers-texto-beaute
＊25　上野千鶴子『家父長制と資本制　マルクス主義フェミニズムの地平』岩波書店〈岩波現代文庫〉、2009年、p.246
＊26　Irène THÉRY, Un féminisme à la française, Le Monde, 30.05.2011
＊27　http://www.newsweek.com/dsk-wife-anne-sinclair-and-over-sexualized-french-culture-68355
Pascal BRUCKNER, L' affaire DSK aura révélé une bien triste image de l' Amérique, Le Monde, 24.08.2011
＊28　Le Nouvel Observateur, 01.06.2011, p.79
＊29　https://www.cairn.info/revue-travail-genre-et-societes-2012-2-page-89.htm
＊30　https://viehealthy.com/enquete-ifop-harcelement-sexuel-travail/
＊31　https://www.arte.tv/fr/videos/058227-047-A/square-idee/
＊32　http://www.lefigaro.fr/societes/2017/10/29/20005-20171029ARTFIG00010-harcelement-sexuel-au-travail-quatre-femmes-temoignent.php
＊33　https://www.lemonde.fr/societe/article/2017/11/23/violences-sexuelles-chez-les-ouvrieres-la-peur-de-perdre-son-travail_5219215_3224.html
＊34　https://www.defenseurdesdroits.fr/sites/default/files/atoms/files/ddd_etu_20140301_harcelement_sexuel_enquete_0.pdf
http://www.lemonde.fr/les-decodeurs/article/2017/10/17/trois-francais-sur-quatre-ne-distinguent-pas-harcelement-blagues-salaces-et-seduction-et-vous_5202242_4355770.html
＊35　http://www.francetvinfo.fr/societe/droits-des-femmes/video-regardez-le-documentaire-le-harcelement-sexuel-au-travail-laffaire-de-tous-avec-france-2_2412585.html

◎第3章◎

＊1　https://www.lemonde.fr/les-decodeurs/article/2017/11/21/les-couples-en-union-libre-plus-jeunes-moins-riches-mais-plus-egalitaires-que-les-couples-maries_5218277_4355770.html
＊2　https://www.lemonde.fr/les-decodeurs/article/2017/02/14/saint-valentin-cinq-chiffres-sur-l-etat-du-couple-en-france_5079263_4355770.html
＊3　https://www.lemonde.fr/societe/article/2014/01/10/vie-privee-hollande-veut-porter-plainte-contre-closer_4345818_3224.html
＊4　Elaine SCIOLINO, La Seduction, Presse De La Cité, 2012, p.236
＊5　Valérie TRIERWEILER, Merci Pour Ce Moment, Les Arènes, 2014

＊20　http://www2.ctv.co.jp/20130525nippon/
＊21　http://www.lemonde.fr/societe/article/2016/06/14/la-sexualite-des-jeunes-marquee-par-les-inegalites-entre-les-sexes_4949835_3224.html

◎第２章◎
＊１　Mathilde LARRÈRE / Aude LORRIAUX , Des Intrus En Politique, Broché, 2017
＊２　https://www.ipu.org/resources/publications/infographics/2016-07/women-in-politics-2015
＊３　http://www.egalite-femmes-hommes.gouv.fr/dossiers/parite-et-responsabilites-politiques/des-lois-pour-inciter/les-grandes-dates-de-la-parite/
http://archive.ipu.org/wmn-e/classif.htm
＊４　https://www.inegalites.fr/Le-tableau-de-bord-de-la-parite-en-politique
＊５　Murielle GAUDE-FERRAGU, La Reine Au Moyen Âge, Tallandier, 2014, p.18
＊６　L' Époque, Le Monde, 04.11.2016, p.5
https://www.svd.se/badklader-som-upprort-genom-tiderna
https://www.svt.se/nyheter/lokalt/sormland/har-ska-mannen-sittkissa
＊７　Michèle SARDE, Regard Sur Les Françaises, Stock, 1984, p.576
＊８　Simone de BEAUVOIR, Tout Compte Fait, Gallimard, 1972, p.626
＊９　Jean-Claude MAROL, La Fin' Amor, Poche, 1998, p.63
＊10　Arnaud de LA CROIX, L' Érotisme Au Moyen Âge, Texto, 2013, p.48
＊11　Georges DUBY / Michelle PERROT, Histoire Des Femmes En Occident, Tome II, Le Moyen Âge, Perrin, 2002, p.341
＊12　Jean-Louis FLANDRIN, Le Sexe Et L' Occident, Seuil,1981
＊13　André LE CHAPELAIN, Traité De L' Amour Courtois, Klincksieck, 2002
＊14　René NELLI, L' Érotique Des Troubadours, Privat, 1963
＊15　https://www.napoleon.org/histoire-des-2-empires/iconographie/lettre-a-josephine-datee-de-nice-le-10-germinal/
＊16　https://www.capital.fr/votre-carriere/l-amour-au-bureau-c-est-bon-pour-le-travail-878081
Alain SAMSON, Sexe Et Flirt Au Bureau, First Editions, 2002
＊17　http://madame.lefigaro.fr/societe/liaisons-dangereuses-bureau-260214-792518
http://www.lefigaro.fr/social/2017/02/14/20011-20170214ARTFIG00013-l-amour-au-travail-quels-sont-les-risques.php
＊18　Claude HABIB, Galanterie Française, Gallimard, 2006, p.221
＊19　https://www.huffingtonpost.fr/2013/03/20/les-femmes-europe-attachees-a-la-galanterie-selon-etude-lovegeist-meetic_n_2914258.html
＊20　Valéry GISCARD D' ESTAING, Le Passage, Robert Laffont, 1994

参考文献

◎はじめに◎
＊1　http://www.elle.co.jp/culture/interview/Shiori_Ito_Me_Too_in_Japan18_0228/3
＊2　同上
＊3　朝日新聞電子版2018年5月12日
＊4　産経新聞電子版2018年5月15日
＊5　https://www.theatlantic.com/international/archive/2017/10/the-weinstein-scandal-seen-from-france/543315/

◎第1章◎
＊1　Causette #58, Gynéthic, juillet-Août, 2015
＊2　Hélène ROMANO, École, Sexe & Vidéo, Dunod, 2014
＊3　http://www.ina.fr/video/CAF97032306/education-sexuelle-au-college-video.html
＊4　Claire FRANEK / Marc DANIAU, Tous À Poil!, Rouergue, 2011
＊5　Le Figaro, 12.02.2014
＊6　Georges DUBY / Michelle PERROT, Histoire Des Femmes En Occident, Tome IV, Le XIXe Siècle, Perrin, 2002
＊7　https://www.ined.fr/fr/tout-savoir-population/memos-demo/focus/l-age-au-premier-rapport-sexuel/
＊8　Israel NISAND, Et Si On Parlait De Sexe À Nos Ados? -Pour éviter les grossesses non prévues chez les jeunes, Odile Jacob, 2012
＊9　http://www.yamatani-eriko.com/old/press/press25_4.html
＊10　Virginie Dumont, Questions d' Amour, 8-11ans, ed. Nathan, 2012
＊11　Elle, 15.04.2016, p.102
＊12　Causette #58, Gynéthic, juillet-Août, 2015
＊13　薄田泣菫『茶話　上』 冨山房百科文庫　1983年、p.41
＊14　Hervé Picard, Amour, mariage, Bonheur, ed. Universitaires, 1951
＊15　下川耿史『エロティック日本史』 幻冬舎〈幻冬舎新書〉、2016年［キンドル版］第二話　日本人の並外れた淫乱ぶりに憤るペリー
M・C・ペリー、F・L・ホークス編纂　宮崎 壽子監訳　『ペリー提督日本遠征記（下）』 KADOKAWA〈角川ソフィア文庫〉、2014年［キンドル版］下田の町と人々の生活
＊16　philippe BRENOT, Histoire D' Éducation Sexuelle, PUF, 2007
＊17　http://idsc.nih.go.jp/iasr/CD-ROM/records/16/18216.htm
http://www.invs.sante.fr/publications/sida/sida.pdf
https://www.futuribles.com/en/revue/194/le-sida-en-europe/
＊18　http://dot.asahi.com/aera/2013082700031.html
＊19　http://dot.asahi.com/aera/2013082700031.html

◎絵画・写真クレジット◎
57 ページ　BIU Santé (Paris)
http://www.biusante.parisdescartes.fr/histoire/images/index.php?refphot=07653
94 ページ　Ullstein bild ／アフロ
116 ページ　Artothek ／アフロ
119 ページ　ロイター／アフロ
122 ページ　AP ／アフロ
160 ページ　Roger-Viollet ／アフロ
166 ページ　© Bibliothègue nationale de France.
169 ページ　© Bibliothègue nationale de France.

◎図版作成◎
デザイン・プレイス・デマンド

◎初出◎
「WEBRONZA」（2012 ～ 2016 年）
共同通信（2016 ～ 2018 年）
「Yahoo! ニュース個人」（2016 ～ 2018 年）
に掲載されたものに、大幅に加筆しました。

JASRAC 出 1807625-801

プラド夏樹（ぷらどなつき）

在仏ジャーナリスト。慶應大学文学部哲学科美学美術史専攻卒。1988年に渡仏後、ベルサイユ地方音楽院にて教会音楽を学ぶ。現在、パリ市のサン・シャルル・ド・モンソー教会の主任オルガニストを務めると同時に、フリージャーナリストとして労働、教育、宗教、性、女性などに関する現地情報を、「WEBRONZA」「ハフポスト」「日経ビジネスオンライン」などに寄稿している。

フランス人《じん》の性《せい》 なぜ「#MeToo」への反対《はんたい》が起《お》きたのか？

2018年8月30日初版1刷発行

著　者 ―― プラド夏樹
発行者 ―― 田邉浩司
装　幀 ―― アラン・チャン
印刷所 ―― 近代美術
製本所 ―― 榎本製本
発行所 ―― 株式会社光文社
東京都文京区音羽1-16-6(〒112-8011)
https://www.kobunsha.com/
電　話 ―― 編集部03(5395)8289 書籍販売部03(5395)8116
業務部03(5395)8125
メール ―― sinsyo@kobunsha.com

 ISBN 978-4-334-04367-4

938
空気の検閲
大日本帝国の表現規制
辻田真佐憲
エロ・グロ・ナンセンスから日中戦争・太平洋戦争時代まで、大日本帝国期の資料を丹念に追いながら、一言では言い尽くせない、摩訶不思議な検閲の世界に迫っていく。
978-4-334-04344-5

939
藤井聡太はAIに勝てるか？
松本博文
コンピュータが名人を破り、今や人間を超えた。しかし藤井はじめ天才は必ず現れ、歴史を着実に塗り替えていく。奇蹟の中学生とコンピュータの進化で揺れる棋界の最前線を追う。
978-4-334-04345-2

940
AI時代の新・ベーシックインカム論
井上智洋
未来社会は「脱労働社会」――。ベーシックインカムとは何か。財源はどうするのか。現行の貨幣制度の欠陥とは。導入最大の壁とは。AIと経済学の関係を研究するパイオニアが考察。
978-4-334-04346-9

941
素人力
エンタメビジネスのトリック?!
長坂信人
「長坂信人を嫌いだと言う人に会った事がない」――秋元康氏。超個性的なメンバーを束ねる制作会社オフィスクレッシェンド代表による仕事術、経営術とは？　堤幸彦監督との対談も収録。
978-4-334-04347-6

942
東大生となった君へ
真のエリートへの道
田坂広志
東大卒の半分が失業する時代が来る。その前に何を身につけるべきか？　高学歴だけでは活躍できない。論理思考と専門知識が価値を失う「人工知能革命」の荒波を、どう越えていくか？
978-4-334-04348-3

943
グルメぎらい
柏井壽

おまかせ料理ではなくお仕着せ料理、味よりもインスタ映え、料理人と馴れ合うブロガー。今のグルメ事情はどこかおかしい——。二十五年以上食を語ってきた著者による、覚悟の書。

978-4-334-04349-0

944
働く女の腹の底
多様化する生き方・考え方
博報堂キャリジョ研

今の働く女性たちは何を考え、どう生きているのか？「キャリア（職業）を持つ女性」＝通称「キャリジョ」を徹底分析。多様化する、現代を生きる女性たちのリアルに迫る。

978-4-334-04350-6

945
日本の分断
切り離される非大卒若者《レッグス》たち
吉川徹

団塊世代の退出後、見えてくるのは新たな分断社会の姿だった——。計量社会学者が最新の社会調査データを元に描き出す近未来の日本。社会を支える現役世代の意識と分断の実態。

978-4-334-04351-3

946
日本サッカー辛航紀
愛と憎しみの100年史
佐山一郎

「日本社会」において「サッカー」とは何だったのか。一九二一年の第一回「天皇杯」から、二〇一八年のロシアW杯出場までおよそ一世紀を、貴重な文献とともに振り返る。

978-4-334-04352-0

947
非正規・単身・アラフォー女性
「失われた世代」の絶望と希望
雨宮処凛

「失われた二〇年」とともに生きてきた受難の世代——。仕事・お金・介護・孤独……。現代アラフォー女性たちの「証言」から何が見えるのか。ライター・栗田隆子氏との対談を収録。

978-4-334-04353-7

948
天皇と儒教思想
伝統はいかに創られたのか?
小島毅
「日本」の国名と「天皇」が誕生した八世紀、そして近代天皇制に生まれ変わった十九世紀、いずれも思想資源として用いられたのは儒教だった。新しい「伝統」はいかに創られたか?
978-4-334-04354-4

949
デザインが日本を変える
日本人の美意識を取り戻す
前田育男
個性と普遍性の同時追求、生命感の表現、匠技への敬意。経営危機の自動車会社を世界一にしたデザイン部長の勝利哲学。新興国との競争で生き残るには、一つ上のブランドを目指せ!
978-4-334-04355-1

950
さらば、GG資本主義
投資家が日本の未来を信じている理由
藤野英人
ドン詰まりの高齢化日本に、ついにさまざまな立場から変化の兆しが見えてきた。金融庁の改革、台頭する新世代の若者たち……etc. 現代最強の投資家が語る、日本の新たな可能性。
978-4-334-04356-8

951
人生後半の幸福論
50のチェックリストで自分を見直す
齋藤孝
40代、50代は人生のハーフタイム。今、立て直せばあなたは必ず幸せになれる。人生100年時代、75歳までを人生の黄金期にするための方法をチェックリスト形式で楽しくご案内!
978-4-334-04357-5

952
日本人はなぜ臭いと言われるのか
体臭と口臭の科学
桐村里紗
「におい」は体の危機を知らせるシグナル。体臭・口臭に気付き改善することは根本的な健康増進につながる。におい物質と嗅覚や脳の関係、体臭をコントロールする方法なども紹介。
978-4-334-04358-2

958
一度太るとなぜ痩せにくい？
食欲と肥満の科学
新谷隆史
いつか痩せると思っていても、なかなか痩せられない……。肥満傾向のある人、痩せられない人のために最新の知見を報告。健康に生きるヒントを伝える。【生物学者・福岡伸一氏推薦】
978-4-334-04364-3

959
アップルのリンゴはなぜかじりかけなのか？
心をつかむニューロマーケティング
廣中直行
商品開発は、今や「脳」を見て無意識のニーズを探る科学の時代だ。「新奇性と親近性」、「計画的陳腐化」、「単純接触効果」、「他者の力」。認知研究が導いたヒットの方程式を大公開。
978-4-334-04365-0

960
松竹と東宝
興行をビジネスにした男たち
中川右介
歌舞伎はなぜ松竹のものなのか。宝塚歌劇をなぜ阪急が手がけているのか。演劇を近代化した稀代の興行師、白井松次郎・大谷竹次郎兄弟と小林一三の活躍を中心に描いた、新たな演劇史。
978-4-334-04366-7

961
フランス人の性
なぜ「#MeToo」への反対が起きたのか
プラド夏樹
高齢者であってもセックスレスなどあり得ない。子どもに8歳から性教育を施す。大統領も堂々と不倫をする。「性」に大らかな国・フランスの現在を、在仏ジャーナリストが描く。
978-4-334-04367-4

962
土　地球最後のナゾ
100億人を養う土壌を求めて
藤井一至
世界の土はたった12種類。毎日の食卓を支え、地球の未来を支えてくれる本当に「肥沃な土」は一体どこにある？　泥にまみれた研究者が地球を巡って見つけた、一綴りの宝の地図。
978-4-334-04368-1